ÜBER DEN

# LIBER DE OFFICIO PROCONSULIS.

VON

ADOLF FRIEDRICH RUDORFF.

AUS DEN ABHANDLUNGEN DER KÖNIGL. AKADEMIE DER WISSENSCHAFTEN
ZU BERLIN 1865.

BERLIN.
GEDRUCKT IN DER BUCHDRUCKEREI DER KÖNIGL. AKADEMIE
DER WISSENSCHAFTEN.
1866.

IN COMMISSION BEI F. DÜMMLER'S VERLAGS-BUCHHANDLUNG.
HARRWITZ UND GOSSMANN.

# ÜBER DEN

# LIBER DE OFFICIO PROCONSULIS.

VON

ADOLF FRIEDRICH RUDORFF.

AUS DEN ABHANDLUNGEN DER KÖNIGL. AKADEMIE DER WISSENSCHAFTEN
ZU BERLIN 1865.

BERLIN.
GEDRUCKT IN DER BUCHDRUCKEREI DER KÖNIGL. AKADEMIE
DER WISSENSCHAFTEN.
1866.

IN COMMISSION BEI F. DÜMMLER'S VERLAGS-BUCHHANDLUNG.
HARRWITZ UND GOSSMANN.

Gelesen in der Akademie der Wissenschaften am 4. Juli 1865. Die Seitenzahl bezeichnet die laufende Pagina des Jahrgangs 1865 in den Abhandlungen der philosophisch-historischen Klasse der Königl. Akademie der Wissenschaften.

# I.

Das lateinisch-griechische Glossar No. 7651 de l'ancien fonds latin der Pariser Bibliothek, der sogenannte San Germanensis oder Philoxenus, enthält folgende acht Auszüge aus einer juristischen Schrift über das proconsularische Amt mit Angabe ihrer Provenienz:

Ad subrigenda *εἰς ὑπόρθωσιν τιμωρίας.* Fol. 6. *υ.*
Aliquosecius *ποσῶς νωχελέστερον.* Fol. 12.
A ramulariis *ἀπὸ τῶν ἀντεπιτρόπων.* Fol. 16. *υ.*
Arbares scodales *οἱ περὶ ὅρων διαγινώσκοντες δικασταί.* Fol. 16. *υ.*
Atriensis *διαιτάριος, διαιτάρχης.* Fol. 20.
Bellonarii *οἱ θεοφορούμενοι.* Fol. 27.
Defectarii *εἰσπηδησιῶνες* Fol. 39.
Delatio *ἀναφορά.* Fol. 40. *υ.*

Jede dieser Glossen hat unter dem Text und der Übersetzung, mithin unter beiden Columnen der Handschrift in grofsen die ganze Breite der Seite füllenden Unzialen die Unterschrift Liber de officio proconsulis: denn Liber quintus, wie Tournebout las(1), aber schon Cujas ihm nicht nach-

(1) Turnebus Adversariorum libro XVIII. cap. 28. Legi et in vetusto libro aspraturam esse *κόλλυβον* .. quo in libro reperi atriensem exponi *διαιτάριον, διαιτάρχην* itaque in 5 libro de officio proconsulis positum esse. XXVII, 10. Varia hoc toto capite excerpta de lexico veteri explicantur. .. Aliquo secius libro 5. de Offic. Proconsulis: *πωσῶς νωχελέστερον*: id est aliquanto segnius et negligentius.

schrieb [1], beruht auf einer unrichtigen Auflösung des Häkchens hinter dem ersten Wort, in welchem Tournebout eine arabische 5 zu finden meinte, während es nichts Anderes als die Sigle der beiden Endbuchstaben von Liber ist.

Mit dem Buchstaben D des Glossars hören jene Bezeichnungen der Provenienz ganz auf: vermuthlich fand sie der Verfasser ermüdend oder entbehrlich, denn dafs sich sämmtliche Excerpte des Liber de officio proconsulis gerade auf die vier ersten Buchstaben des Alphabets beschränkt haben sollten, wird um so weniger anzunehmen sein, als es auch unter den folgenden Elementen durchaus nicht an Wörtern fehlt, welche einer Schrift über das proconsularische Amt füglich entlehnt sein könnten.

Der Inhalt der Glossen lautet zum Theil sehr befremdlich. Er berührt Einrichtungen des alten Staats und der alten Religion, deren Erwähnung bei einem Pandektenjuristen sonst völlig unerhört ist.

Es kommt nun zunächst darauf an, aus den sicheren Excerpten die Schrift der klassischen Rechtslitteratur zu bestimmen, welche dem Lexicographen vorlag; und zweitens, nachdem diese Schrift ermittelt worden ist, dieselbe durch Eintragung der beglaubigten und wahrscheinlichen Bruchstücke unter die entsprechenden Titel zu vervollständigen. Beides ist die Aufgabe der nachfolgenden Untersuchung. Als Controle ihrer Lösung wird dann aber noch ein Drittes: eine Textesrecension sämmtlicher Bruchstücke, geordneter und vollständiger als die einzige bis jetzt vorliegende, nicht wohl zu entbehren sein.

Jener Lösung scheint sich aber schon bei dem ersten Theil eine Schwierigkeit entgegen zu stellen. Das Wörterbuch citirt nämlich überall nur Einen Liber de officio proconsulis, das Florentiner Verzeichnifs dagegen nennt unter jener Aufschrift nur ausführliche Werke, welche sich in mehreren Libri über das proconsularische Amt verbreiteten. Es ist jedoch nicht schwer, dieses Bedenken zu beseitigen. Schon die Wortstellung deutet an, dafs der Epitomator keinen de officio proconsulis liber singularis im Sinne hatte; sein Buch vom Amt des Statthalters darf daher auch mehrere Abschnitte enthalten haben, nur mufs es, da er den Verfasser zu nennen un-

(1) Cuiacius observationum libro XXXIV. capite 10. veteres glossae quae a doctissimo Turnebo ad me pervenerunt ... ex libris de officio proconsulis atrienses interpretantur diaetarios.

nöthig findet, ein allbekanntes und bis zur Justinianischen Zertrümmerung der Rechtslitteratur allgemein verbreitetes Werk gewesen sein.

## II.

Fragt man nun, welches unter den uns bekannten Werken de officio proconsulis diesen Anforderungen am meisten entsprechen würde, so scheint dem des Saturninus, als dem angeblich jüngsten unter allen, beim ersten Anblick der Preis zu gebühren. Allein die Beweise, auf welche man die relative Jugend dieser Schrift zu gründen pflegt, können in keiner Weise genügen. Das Rescript des Caracalla vom 7. August 214 zeigt schon durch seine Aufnahme in den Codextitel de excusationibus veteranorum (5, 65.), den es eröffnet, dafs der Saturninus, an welchen es gerichtet wird, der Jurist nicht sein kann und in dem Rescript, welches Alexander am 3. December 225 an einen Venuleius erlassen und Justinian als L. 1. C. quibus non obiicitur longi temporis praescriptio (7, 35.) eingetragen hat, ist der Zusatz veterano durch die Handschriften von Pistoja, Monte Casino, die Pauliner no. 883 und die Bamberger gesichert. Nach Beseitigung beider Daten bleibt aber für ein jüngeres Zeitalter des Saturninus kein anderer Beweis, als der leichtfertige Bericht des Lampridius im Leben des Alexander (cap. 67.). Dieser setzt den Venuleius freilich in den Rath des eben genannten Kaisers, so dafs er mit Ulpian und Paulus wenigstens gleichzeitig erscheinen würde. Aber er führt auch den Proculus, ja selbst den Alfenus als seine Zeitgenossen auf und macht diese vorhadrianischen Juristen sogar zu Schülern Papinian's (1).

Dagegen deuten folgende Thatsachen auf ein höheres Alter hin.

---

(1) Lampridius in Alexandro cap. 67. Et ut scias qui viri in eius consilio fuerint: Fabius Sabinus, Sabini, insignis viri filius, Cato temporis sui, Domitius Ulpianus iuris peritissimus, Aelius Gordianus, Gordiani imperatoris pater et ipse re vera vir insignis, Iulius Paulus iuris peritissimus, [Claudius Venatus orator amplissimus: Pomponius, legum peritissimus Alphenus, Aphricanus, Florentinus, Martianus, Callistratus, Hermogenes, Venuleius, Triphonius Metianus, Celsus, Proculus, Modestinus: hi omnes iuris professores discipuli fuere splendidissimi Papiniani et Alexandri imperatoris familiares et socii ut scribit Acholius et Marius Maximus Catilius Severus cognatus eius, vir omnium doctissimus, Aelius Serenianus, Quintilius Marcellus quo meliorem ne historiae quidem continent. Die eingeklammerten Worte fehlen in de Handschriften der Kaiserlichen Bibliothek zu Paris, des Du Puy, den Palatinischen Excerpte und den von Casaubonus verglichenen. Schon Saumaise hat bemerkt, dafs die trocken

Erstlich ist die Schrift des Saturninus über das proconsularische Amt in keiner der vorjustinianischen Sammlungen, welche den Ulpian doch fleifsig genug benutzen, mit einer Silbe erwähnt und selbst die justinianische hat nur acht dürftige Excerpte aus den beiden ersten unter den vier Büchern aufgenommen, in welche Saturninus nach Angabe des Florentinischen Verzeichnisses sein Werk abgetheilt hatte. Sie betreffen ausschliefslich die provinzielle Strafrechtspflege und wurden daher in der Sabinusabtheilung excerpirt, welcher man das Strafrecht und die Erörterungen über das proconsularische Amt ihrer civilrechtlichen Grundlagen halber zugewiesen hatte.

Dazu kommt zweitens, dafs in diesen Excerpten kein späterer Kaiser als Hadrian, jedoch als Divus (1) und in den sämmtlichen Schriften des Sarturninus, so weit wir sie zu übersehen vermögen, kein neuerer Jurist als Salvius Julianus begegnet (2).

Erheblicher als Beides ist ferner drittens der Umstand, dafs Ulpian in seiner Schrift über das Amt des Statthalters den Saturninus als einen älteren Vorgänger anzuführen und dessen Meinungen zum Theil zu berichtigen scheint. Wenn Jemand Vieh von der Weide forttreibt, welches er als sein Eigenthum in Anspruch nimmt, so soll die Sache nach Saturninus an die Civilinstanz (ad examinationem civilem, wie es in den Pandekten heifst, oder wie Saturninus geschrieben haben wird ad forum, das heifst an den Convent) verwiesen werden. Ulpian beschränkt dies durch die Voraussetzung dafs der Eigenthumsanspruch nicht in der unredlichen Absicht vorgeschützt werde, um dem Verbrechen des Abigeats den Anstrich des Rechts zu geben (3). Nach einem Rescript von Marcus und Verus wird die Selbstbefreiung eines Gefangenen mit dem Tode bestraft. Saturninus fand die

---

Nomenlatur ohne jegliches Elogium nicht zu dem Anlauf pafse welchen Lampridius nimmt, um darzuthun, was für Leute in Alexanders Rath gesessen. Die Fortführung des eingeklammerten Zusatzes in den Ausgaben hat Casaubonus zu verantworten.

(1) Im ersten Buch de officio proconsulis heifst Hadrian zwei Mal Divus L. 2. pr. D. si ingen. (40, 14.) L. 15. D. de poenis (48, 19.)

(2) In den neunzehn Büchern über die Stipulationen kommt Julian drei Mal vor: einmal im ersten Buch: L. 21. D. de stip. serv. (45, 3.), zweimal im zweiten: L. 18. D. de S. C. Maced. (14, 6.) L. 12. §. 1. D. de duobus reis (45, 2.). In der Schrift über die Interdicte wird Pedius, ein vorjulianischer Edictscommentator citirt.

(3) Ulpian. lib. 8. de off. procons. L. 1. §. 4. D. de abigeis (47, 14.) Qui pecora, de quorum proprietate faciebat controversiam, abegit, ut Saturninus quidem scribit, ad exami-

Strafe nicht zu hart, wenn die Flucht durch Complott oder Gewalt bewirkt werde; ist dagegen nur die Nachlässigkeit der Wache benutzt, so genügt ihm eine gelindere Strafe und darin ist Ulpian mit seinem Vorgänger einverstanden (¹).

Entscheidend ist endlich Folgendes. Demselben Venuleius, welcher die vier Bücher vom Amt des Proconsuls verfaſste, wird im Florentiner Verzeichniſs ein einzelnes Buch über das bürgerliche (nicht militairische) Strafrecht (de poenis paganorum) zugeschrieben. Nun trägt zwar das einzige Excerpt, welches aus dieser Schrift in die Digesten gekommen ist, nämlich die L. 16. D. de poenis (48, 19.) die Aufschrift Claudius Sarturninus libro singulari de poenis paganorum und es ist ein alter Streit, ob nicht Dieser sie verfaſst habe, mithin die Angabe des Index nur ein aus der der Inscription der unmittelbar voraufgehenden L. 15. desselben Titels: Venuleius Saturninus libro primo de officio proconsulis hervorgegangener Irrthum sei. Da jedoch der Index einen von Venuleius unterschiedenen Claudius Saturninus gar nicht anerkennt, so wird es ungleich wahrscheinlicher, daſs der Name entweder bei der Excerpirung der Schrift de poenis paganorum verlesen, also daſs Venuleius in der That der Verfasser ist, oder daſs der Venuleius des Index sich mit dem Claudius der Pandekten, etwa in Folge einer Adoption oder einer Bedingung der Namensannahme oder irgend einer andern Veranlassung der Polyonymie, zu einer und derselben Persönlichkeit vereinigt, wofür das Verzeichniſs der Schriften über Strafrecht und Prozeſs, welche Beiden zugeschrieben werden, ein nicht zu verachtendes Indicium hergiebt (²). Dann würde dieser Saturninus bis zu Pius und den Divi fratres, ja bis Hadrian zurückreichen, in deren Rescripten ein Claudius Saturninus, auch als Prätor,

---

nationem civilem remittendus est: sed hoc ita demum probandum est si non color abigeatus quaesitus est sed vere putavit sua iustis rationibus.

(¹) Ulpian lib. 8. de off. procons. L. 1. pr. D. de effractoribus (47, 18.) De his qui carcere effracto evaserunt sumendum supplicium Divi fratres Aemilio Tironi rescripserunt. Sarturninus etiam probat eos qui de carcere eruperunt, sive effractis foribus sive conspiratione cum ceteris qui in eadem custodia erant, capite puniendos: quodsi per neglegentiam custodum evaserunt, levius puniendos.

(²) Das Florentiner Verzeichniſs lautet Βενουλειου Stipulationon βιβλια δεκα εννεα, Actionon βιβλια δεκα, De officio proconsulis βιβλια τεσσαρα, De poenis paganorum βιβλιον εν, Publicon βιβλια τρια, De interdictis βιβλια εξ.

begegnet ([1]), wie ein anscheinend gleichzeitiger Quintus Saturninus anderswo als Verfasser eines Edictscommentars angeführt wird ([2]).

Die Schrift des Saturninus über das Amt des Proconsuls ist also nicht die jüngste, sondern vielmehr die älteste unter allen, welche diese Ueberschrift tragen. Eben deshalb ist sie aber auch am frühsten veraltet. Während das Strafrecht des Saturninus noch von Modestin ([3]), das Werk über die Interdikte noch nach Constantin in den Rechtssammlungen zu Rathe gezogen wird, ist die Schrift de officio proconsulis in der Vaticanischen Compilation durch Ulpians gleichnamiges Werk ganz ([4]), in der Justinianischen nahezu verdrängt worden. Auf eine Geltung als allbekannter Liber de officio proconsulis darf sie daher keinen Anspruch machen.

Etwas anders verhält sich die Sache in Ansehung der gleichbetitelten Abhandlung des Paulus. Sie ist erst nach dem Tode des Septimius Severus (964 der Stadt oder 211 unserer Zeitrechnung) geschrieben ([5]) und wäre daher hinlänglich neuen Datums. Gleichwohl ist auch sie, mit Ausnahme von fünf dürftigen Excerpten, die sich in den Justinianischen Digesten finden, ohne irgend welche Spur späterer Benutzung vorübergegangen. Der Grund liegt in ihrer magern Ausstattung. Sämmtliche Amtspflichten des Statthalters waren in zwei Bücher zusammengedrängt. Das erste enthielt das ganze

([1]) Fragm. Vat. 223. quod ius venit ex epistula divi Hadriani, quam scribsit Claudio Saturnino legato Belgicae. Rescripte von Pius an einen Claudius Saturninus erwähnt Marcian in L. 1. §. 3. D. quae res pign. (20, 3.) L. 4. pr. D. de legationibus (50, 7.). Unter den Divi fratres kommt ein Prätor Claudius Sarturninus vor: vgl. Ulpian. L. 6. §. 7. D. Mandati (17, 1.)

([2]) L. 19. §. 7. D. de auro (34, 2.) Et Quintus Saturninus libro 10. ad Edictum scribit. . . . L. 1. §. 1. D. de senatoribus (1, 9.) Ulp. lib. 62. ad Edictum: adiicit Saturninus etiam matres, quod necusquam relatum est nec unquam receptum. Ulp. lib. 22. ad Edictum L. 13. §. 5. D. de iure iurando (12, 2.). Marcellus etiam scribit . . . cui Quintus Saturninus consentit: argumentoque utitur. . . . Quae non esse extra aequitatem posita non negaverim. Marcellus war im Rath des Pius und Marcus und befehligte unter Commodus in Britannien. Die Streitfrage über die Saturnini ist jetzt wesentlich gefördert durch Fitting, über das Alter der römischen Juristen von Hadrian bis Alexander Sever. Basel 1860. S. 17.

([3]) Herennius Modestinus lib. 4. de poenis L. 14. §. 7. D. de custod. et exhib. reorum (48, 3.).

([4]) Fragm. Vat. §. 119. ist aus Ulpianus libro II. de officio proconsulis. Von Venuleius scheinen nur die Bücher 1. 2. 4. über die Interdicte benutzt vgl. §. 90—93.

([5]) Paul. lib. 1. de officio proconsulis. L. 7. D. de pollicit. (50, 12.) Divus Severus Dioni rescripsit.

obervormundschaftliche Amt und die gesammte streitige Civilrechtspflege. Das zweite begriff die kaum minder umfassende Strafgerichtsbarkeit. An eine eingehende Erörterung dieses reichhaltigen Stoffes war also nicht zu denken.

In der That bleibt daher nur ein Werk, welches neu, umfassend und berühmt genug war, um ohne weiteren Zusatz als das Buch vom proconsularischen Amt angeführt werden zu dürfen. Dies ist das Werk Ulpians. Schon Cujas erklärte deshalb dieses Ulpianische Rechtsbuch und den Sangermanenser Liber de officio proconsulis ohne jedes Bedenken für Ein und dasselbe Werk. Den Beweis für diese Behauptung bleibt er freilich schuldig. Es fehlt aber nicht an Momenten, um ihn herzustellen. Diese Gründe sind: die Zeit, der Inhalt, die Autorität und die Identität mehrerer Stellen des Ulpianischen Werks mit den Pariser Excerpten.

So viel nämlich zunächst die Zeit der Abfassung jener Schrift betrifft, so ist sie nicht älter, als die so eben erwähnte Schrift von Paulus. Als regierender Kaiser kommt ein Imperator Antoninus vor, welchem ein Edict über die Rechtswirkung zeitweiliger Verbannung oder Suspension zugeschrieben wird. Ein Theil dieses Edicts steht im Justinianischen Codex mit dem Datum des 11. Julius des Jahres 212 unserer Zeitrechnung (1). Jener Imperator Antoninus kann also nur derselbe sein, unter welchem Ulpian sein Büchlein der Rechtsregeln und die Mehrzahl seiner anderen Schriften zu verfassen Mufse fand, nämlich Caracalla als Alleinherscher. Dieses bestätigen die vielen Citate Imperator noster Antoninus Augustus (2) cum patre (3) und cum divo patre suo (4), nach welchen im dritten Buch die florentinische Lesart divi Severus et Antoninus und vollends Haloander's divi Verus et Antoninus unbedenklich in divus Severus et Antoninus zu bessern ist (5). Einzig

---

(1) Ulpianus lib. 3. de officio proconsulis L. 3. §. 1. D. de decurionibus (50, 2.) Imperator enim Antoninus Edicto proposito statuit. ... Dies Edict steht in L. 1. C. de his qui in exilium (10, 59. oder 61.) mit der Überschrift Pars edicti Imp. Antonini A(ugusti) P(ro)P(ositi) Romae V. Id(us) Iul(ias) duobus Aspris consulibus (212.)

(2) Ulp. lib. 4. de officio proconsulis L. 4. §. 5. D. de officio proconsulis (1, 16.) wo freilich bei Haloander ‚noster' fehlt.

(3) Ulp. lib. 4. L. 4. pr. Deodem lib. 5. L. 6. D. lagationibus (50, 7.) und öfter.

(4) Ulp. lib. 4. L. 6. §. 2. D. de mun. (50, 4.), lib. 5. L. 6. §. 2. 3. D. de pollicit. (50, 12.), lib. 8. L. 1. §. 10. 15—18. D. de quaest. (48, 18.), lib. 10. L. 7. §. 10. D. de int. et. releg. (48, 22.)

(5) Ulp. lib. 3. de officio proconsulis L. 3. §. 3. D. de decurionibus (50, 2.

das durch die Vaticanischen Fragmente bekannt gewordene Rescript ([1]) aus dem zweiten Buch könnte verleiten, wenigstens den Anfang der Schrift in das Leben des Septimius Severus hinaufzurücken. Lucius Julius Lucii Filius Palatina Julianus kommt nämlich auf Inschriften als Proconsul der Provinz Achaia und als Legatus Augusti pro Praetore der Provinz Aquitanien vor. Beide Provinzen ehrten ihn in Anerkennung seiner Verwaltung durch ein Denkmal. Ein Rescript an diesen Statthalter schreibt nun Ulpian im zweiten Buch den Imperatores Augusti und ein anderes an eben denselben schreibt Macer in seinem Strafrecht den Imperatores Severus et Antoninus zu. Beide Rescripte müssen also vor dem 4. Februar 211 erlassen sein, an welchem Septimius Severus zu Eboracum in Britannien mit Tode abging. Allein wie unrichtig es sein würde, wenn man hieraus auf eine gleichzeitige Abfassung des zweiten Buchs der Ulpianischen Schrift schliefsen wollte, ergiebt allein schon der Umstand, dafs Severus bereits im ersten Buch als verstorbener Kaiser (divus) angeführt worden war ([2]).

Der Zeit nach steht also Ulpian's Schrift der des Paulus ungefähr gleich, wenigstens ist sie nicht erweislich älter; dem Gehalt nach steht sie unvergleichlich höher. Schon der äufsere Umfang ist fünffach gröfser und der reiche Inhalt steht zu der Dürftigkeit der Paulinischen in dem gleichen Verhältnifs. Während sich Paulus auf die bürgerliche und peinliche Rechtspflege des Statthalters beschränkt, durchmifst und beschreibt Ulpian das ganze Amtsverhältnifs vom Anfang bis ans Ende nach jeder Richtung.

Er beginnt mit der Rechtsordnung für den Einzug in die Provinz und den einschlagenden Rechtsnormen: den Staatsgesetzen und dem provinziellen Gewohnheitsrecht, soweit letzteres dem Staatsgesetz nicht entgegen, also nur praeter, nicht contra legem ist ([3]). Er schliefst mit dem gesetzmäfsigen

---

([1]) Fragm. Vat. §. 119. Ulpianus libro II. de officio proconsulis. Impp. Augg. Iulio Iu*liano* ... Macer L. 2. D. de bonis eorum. (48, 21.) Imperatores Severus et Antoninus Iulio Iuliano. Die Inschriften bei Gruter 422., 7. (Marini Arvali p. 152. n. 35.) L. Iulio L. f. Pal. Iuliano . . proconsuli provinciae Achaiae und legato Aug. pro pr. provinciae Aquitaniae, ergänzt von Borghesi Giorn. Arcad. vol. 22. (1824) p. 58., hat erst Mommsen zu dieser Stelle beigebracht.

([2]) Ulp. lib. 1. de officio proconsulis L. 6. §. 3. D. de offic. procons. (1, 16.) quam rem Divus Severus et imperator Antoninus elegantissime epistula sunt moderati.

([3]) Ulp. 1. L. 6. §. 3. — L. 33. D. de legibus (1, 3.) Diuturna consuetudo pro iure et lege in his quae non ex scripto descendunt observari solet. Anwendungen Ulp. 2.

Abzuge. In diesen Rahmen faſst er das Bild der gesammten Amtsthätigkeit des Statthalters.

Die einzelnen Functionen werden zwar auf zehn Bücher vertheilt, allein diese bieten nur äuſserliche Abtheilungen und Ruhepunkte in Mitten Einer und derselben Amtspflicht. Die innere logische Gliederung ist eine dreifache: sie beruht auf der Scheidung der Civilrechtspflege, der Verwaltung und der Straf-Justiz des Proconsuls.

Der Statthalter hat also vor Allem eine Proclamation (Edictum) vorauszuschicken, er hat die herkömmlichen Land- oder Seewege (ἐπιδημίαι) einzuhalten und die Hauptstädte, welche, wie Ephesus in der Proconsularprovinz Asien, den Vorrang haben, zuerst zu berühren (1). Die Gastfreundschaft der Provinzialen und die Gastgeschenke, welche nicht unter das Repetundenverbot fallen, darf er nicht ganz verschmähen, um nicht inhuman zu erscheinen, aber auch nicht ohne Unterschied annehmen, um seine Würde zu behaupten. Besondere Reisefouriere (stratores) hält er nicht, vielmehr wählt er die Quartiermacher aus den Truppen der Provinz und die Gemalin läſst er lieber ganz zu Hause, da er ihre Handlungen, abweichend von dem privatrechtlichen Grundsatz, zu vertreten hat (2). Erst mit dem Einzuge beginnt die streitige Civiljurisdiction, welche jedoch nicht wie die freiwillige,

L. 7. pr. D. de off. procons. (1, 16.) debet . . et ferias secundum mores et consuetudinem quae retro optinuit dare. Ulp. 4. L. 34. D. de legibus (1, 3.) Cum de consuetudine civitatis vel provinciae confidere quis videtur, primum quidem illud explorandum arbitror, an etiam contradicto iudicio consuetudo firmata sit. Ulp. 9. L. 4. D. de custod. reorum (48, 3.) sed si neque in cautione neque in decreto praesidis certa quantitas comprehensa est ac ne consuetudo ostenditur quae certam formam habet: praeses de modo pecuniae, quae inferri oportet, statuet.

(1) Ulp. 1. L. 4. §. 3—5 D. de off. procons. (1, 16.) Antequam vero fines provinciae decretae sibi proconsul ingressus sit: edictum debet de adventu suo mittere . . §. 4. Recte autem et ordine fecerit, si edictum decessori suo miserit. Über die Rechtspflege enthielt das Edict de adventu keine Bestimmungen, da das auf sie bezügliche Edict seit Hadrian gesetzlich fest stand.

(2) Ulp. 1. L. 4. §. 1. D. de off. procons. (1, 16.) Nemo proconsulum stratores suos habere potest: sed vice eorum milites ministerio in provinciis funguntur. Godefroi zu L. 1. C. Theod. de custodia reorum (9, 2.) und L. un. C. Theod. de stratoribus (6, 31.) Tom. III. p. 36. II., p. 225. versteht die Stelle von Gefangenwärtern: der Zusammenhang, die Bezeichnung stratores suos und die Glosse Atriensis beweisen indeſs, daſs von dem persönlichen Dienst bei dem Statthalter die Rede ist.

d. h. die Legis Actio bei Manumissionen an die Gränze zwischen Lex und Imperium, zwischen Gesetzesherrschaft und persönlicher, frei schaltender Willkür, sondern an die Gränze des Jurisdictionsbezirks gebunden ist und daher auch nicht schon an den Thoren Roms oder richtiger mit Ueberschreitung der Bannmeile, sondern erst an der Gränze der Provinz ihren Anfang nimmt. Der Proconsul hat die Wahl, sie persönlich auszuüben oder seinem Legaten aufzutragen, ein früheres Mandat würde erst durch stillschweigende Wiederholung nach dem Eintritt in die Provinz rechtsbeständig werden (1), die Strafgerichtsbarkeit (gladii potestas) ist rechtlich ganz unübertragbar, die übliche Übertragung des Verhörs und der Losgebung der Gefangenen verstöfst als ein extraordinarium genus mandati gegen die rechtliche Ordnung (2).

Die ambulante Form der Jurisdiction führt im zweiten Buch auf die Sorge des Statthalters für das Religions- und Bauwesen der Communen. Nach Einführung des christlichen Cultus mag hier Vieles gestrichen sein, denn es findet sich wenigstens in den Pandekten nur die Vorschrift, dafs der Proconsul die Empfangsreden geduldig aushalten und die hergebrachten Feiertage respectiren müsse (3), dafs er bei seinem Einzuge oder auf seinen Inspectionsreisen in den berühmteren Städten und besonders in der Provinzialhauptstadt die gottesdienstlichen und öffentlichen Gebäude in Augenschein zu nehmen und dafs er für Erhaltung oder Vollendung derselben durch förmliche Einsetzung, nöthigen Falles selbst durch militairische Unterstützung tüchtiger Bauintendanten (curatores operum) Sorge zu tragen habe (4).

Die Rechtspflege übt der Proconsul im vollsten Umfange: was in Rom nach altrepublikanischer Rechtsordnung unter die Magistrate vertheilt oder nach neuer aufserhalb derselben stehender fürstlicher Einrichtung (extra ordinem) besonderen Commissaren delegirt ist, vereinigt der Proconsul in

(1) Ulp. 1. L. 4. §. 6. L. 6. §. 1. 2. D. de officio proconsulis et legati (1, 16.)

(2) Ulp. 1. L. 6. pr. D. eodem. Daraus L. 70. D. de reg. iur. (50, 17.)

(3) Ulp. 2. L. 7. pr. D. de off. procons. (1, 16.)

(4) Ulp. 2. L. 7. §. 1. D eodem. Über den Wirkungskreis Ulp. lib. 2. Opinionum L. 2. §. 1. D. de operibus publ. (50, 10.) Curatores operum cum redemptoribus negotium habent, res publica autem cum his, quos efficiendo operi praestituit: quatenus ergo et quis et cui obstrictus est aestimatio praesidis provinciae est.

seiner Person, von der abgezweigten ädilischen Polizeijurisdiction, welche nach Gaius in den alten Proconsularprovinzen den Quästoren zustand, weifs Ulpian schon nichts mehr, die einzige Schranke, welche er anerkennt, betrifft die fiscalische Civiljurisdiction, deren sich der Proconsul zu Gunsten der kaiserlichen Procuratoren lieber enthalten soll ([1]). Daher werden dem Proconsul auch selbst die höheren, mehr auf dem freien persönlichen mixtum Imperum als auf dem Gesetz beruhenden und daher namentlich der Muncipaljurisdiction versagten Thätigkeiten des Richteramts unbedenklich zugestanden. Zu diesen gehört die persönliche Hülfe gegen das bestehende Recht durch Restitution, wo der Lauf des Rechts zu einer Ungerechtigkeit führen würde, die Anordnung von Sicherheitsleistungen, die zu einem neuen Rechtsanspruch führen müssen, die Rechtssachen, in denen Freiheit und Ehre auf dem Spiel stehen ([2]). Alle diese Zweige der höheren Rechtsprechung vindizirt Ulpian ausdrücklich dem proconsularischen Amt ([3]), auch das Bruchstück des zweiten Buchs, welches erst durch die Vaticanischen Fragmente bekannt geworden ist und die cautio rati bei der Dotalklage betroffen zu haben scheint ([4]) gehörte ohne Zweifel in diesen

([1]) Ulp. 2. L. 7. §. 2. L. 9. pr. D. de officio procons. (1, 16.). Die letztere Stelle ist bei Haloander überschrieben Ulp. lib. 2. de officio proconsulis. Die Florentina hat die Inscription Ulpianus libro primo de officio proconsulis und danach hat Hommel in seiner Palingenesie die Stelle beim ersten Buch abdrucken lassen. Allein erstlich hat schon die vorhergehende L. 7. D. eodem in der Florentina die Überschrift libro secundo, zweitens steht die nämliche Inscription über L. 71. D. de reg. iuris (50, 17.) in der florentinischen Handschrift, diese Stelle ist aber aus unserer L. 9. §. 1. D. de off. proc. (1, 16.) genommen; dazu kommt endlich drittens, dafs L. 9. pr. mit L. 7. §. 2. offenbar ein Ganzes bildet. Bluhme hat deshalb *secundo*, Mommsen gleichwohl *primo* beibehalten.

([2]) L. 26. D. ad municipalem (50, 1.) L. 4. D. de iurisdictione (I, 1.) Isidor. 15, 2. nam liberales et famosissimae causae et quae ex principe proficiscuntur ibi non aguntur: haec enim ad dignitatem civitatum pertinent.

([3]) Ulp. 2. L. 42. D. de min. (4, 6.): Restitution. L. 1. D. quib. ad libertatem (40, 13) Liberalsachen L. 3. D. de privatis del. (47, 1.) L. 1. D. quib. ad. lib. (40, 13.): Ehrensachen.

([4]) Fragm. Vat. 119. Die Stelle ist, abweichend von Mommsens und Huschkes Vorschlägen meines Erachtens so zu ergänzen (20.) Ulpianus libro II. de officio proconsulis. Imperatores Augusti Iulio Iu[*liano p(ro)c(on)suli Achaiae r(escripserunt) Filiam emancipa*] (21.) tam dotem recte reddi sibi desiderare neque [*cavere debere ratam rem patrem habiturum.*] (22) Quod etiam in patre servabitur qui consentiente filia re[*petit dotem. Neque enim de rato cavebit*], (23.) nec moratoriae dilationi locus erit quod mal [*e in dote versaturus sit.*]

Zusammenhang. Die Civilsachen, in denen nur um Geld und Geldeswerth gestritten wird, soll der Proconsul in den ordentlichen Rechtsweg verweisen (ad ius ordinarium remittere), in Strafsachen soll aufserordentlicher Weise (extra ordinem) die Subscription der Anklage eintreten. Im Sinne Justinian's ist also eine Verschiedenheit des Verfahrens gemeint. Ulpian dagegen hatte noch die alten ordentlichen Gerichte vor Augen, welche mit der Zerstückelung der Provinzen abkamen und dachte daher zugleich an einen Gegensatz der Gerichtsverfassung: statt ius ordinarium schrieb er forum und verstand die Convente der reisenden Provinzialjustiz (1). Was die Form der richterlichen Thätigkeit betrifft, so ist eine schriftliche Bescheidung nur zulässig, wo es keiner Untersuchung und Entscheidung über ungewisse Thatsachen (causae cognitio) bedarf, daher kann z. B. über Ablehnung der Vormundschaft nicht per libellum verhandelt werden, weil die Gründe der Verhinderung einer Prüfung bedürfen (2). Das contradictorische Verfahren in Civil- und Strafsachen ist daher immer mündlich, aber nicht immer feierlich, vielmehr können Zuchtpolizeistrafen ohne förmliche Gerichtssitzung (de plano) erkannt werden und über die Sicherheitshaft der Angeschuldigten befindet der Proconsul nach den Umständen aus eigener Machtvollkommenheit (3). Mit besonderem Nachdruck wird dagegen eingeschärft, das Recht der Armen und Unterdrückten gegen Uebermacht zu beschützen. Durch Aufstellung

---

(1) Ulp. 2. L. 3. D. de privatis delictis (47, 1.) Si quis actionem quae ex maleficiis oritur velit exsequi, si quidem pecuniariter agere velit ad ius ordinarium remittendus est .. enimvero si extra ordinem eius rei poenam exerceri velit, tunc subscribere eum in crimen oportebit. In der Collatio steht für ius ordinarium überall forum z. B. VII., 4. 1. fures ad forum remittendi sunt diurni, nocturnique extra ordinem audiendi: während in den Pandecten L. 1. D. de fur. baln. (47, 17.) nur steht: Fures nocturni extra ordinem audiendi sunt. Ebenso Collat. XI. 6., 2. Qui pecora, de quibus litigabat, abegit, ad forum remittendus est et si victus fuerit, in duplum vel quadruplum condemnandus; und XII., 6.: Incendiarii qui in oppido praedae causa id admiserint, capite puniuntur — fortuita enim incendia ad forum remittenda sunt, ut damnum vicinis sarciatur. Vgl. Theophilus 3, 12. ἡνίκα τὰ δικαστήρια ὀρδινάρια ἦν τουτέστιν ἡνίκα ἐκινοῦντο ἐν μόνῳ τῷ καιρῷ τοῦ κονβέντου .. σήμερον δὲ τῶν δικαστηρίων ἐξτραορδιναρίων ὄντων καὶ ἐν παντὶ καιρῷ γυμναζομένων κ. τ. λ. Rudorff röm. Rechtsgeschichte II. §. 2. Note 13. 33.

(2) Ulp. 2. L. 9. §. 1. D. de off. proconsulis (1, 16.) L. 71. D. de reg. iur. (50, 17.) L. 25. D. de excus. (27, 1.)

(3) Ulp. 2. L. 9. §. 3. D. de off. procons. (1, 16.) L. 6. D. de accusut. (48, 2.) L. 1. D. de custod. reor. (48, 3.)

eines Turnus oder Rotulus, nach welchem die angemeldeten Sachen zur Verhandlung kommen (ordo postulationum), ist Sorge zu tragen, daſs die Armensachen nicht zurückstehen ([1]). Wittwen, Waisen, Gebrechlichen muſs aus obervormundschaftlicher Fürsorge ein Rechtsbeistand nöthigenfalls selbst von Amts wegen zugeordnet werden ([2]). Die Disciplinargewalt über das Barreau soll der Proconsul mit Geduld, aber zugleich mit Geist und Verstand handhaben (circa advocatos patientem esse proconsulem oportet sed cum ingenio ne contemptibilis videatur), mit verächtlichen, schon durch sein Edict von den Postulationen ausgeschlossenen Individuen hat er jede persönliche Berührung ganz zu vermeiden, aber auch den unbescholtenen darf er keinerlei materielle Betheiligung an den Rechtssachen, welche sie zu führen haben, nachsehen ([3]).

An die Sorge für den Rechtsbeistand schutzbedürftiger Personen schlieſst der Jurist im dritten, vierten, fünften und sechsten Buch die eigentliche Obervormundschaft im römischen Sinne, das heiſst die Aufsicht des Staats über die Gemeindelast der Geschäftsführung für verwaltungsunfähige Rechtssubjecte. So weit diese Individuen sind, umfaſst dieser Zweig des proconsularischen Amts das ganze Vormundschaftswesen, die Anstellung, Bürgschaft oder Untersuchung der Sicherheit der Vormünder und Curatoren, die Sorge für die Erziehung des Mündels, und das Decret bei Veräuſserung liegender Gründe ([4]). Aber während natürliche Personen nur vorübergehend oder ausnahmsweise handlungsunfähig erscheinen, sind es juristische Personen grundsätzlich und allgemein. In diesem Sinne handelt Ulpian hier die Aufsicht über das Communalwesen, den Gemeinderath und die Gemeindebeamten ([5]), die Gemeindelasten, Immunitäten und Recurse, unter

---

([1]) Ulp. 2. L. 9. §. 4—6. D. de off. procons. (1, 16.) Festus v. Ordinarium hominem Oppius dici solitum scurram et improbum, qui assidue in litibus moraretur ob eamque causam in ordine staret adeuntium praetorem. Servius ad Aen. 2, 102. in ordinem dicebantur causae propter multitudinem et tumultum festinantium 6, 431. cf. Collatio 7, 4. 1. cit. fures ad forum remittendi sunt diurni, nocturnique *extra ordinem* audiendi.

([2]) Ulp. 2. L. 9. §. 5. D. de officio proconsulis (1, 16.)

([3]) Ulp. 2. L. 9. §. 2. D. eodem.

([4]) Ulp. 3. L. 12. D. de tut. dat. (26, 5.) L. 5. D. ubi pup. educari (37, 2.) L. 11. D. de rebus eorum qui sub. tut. (27, 9.)

([5]) Ulp. 3. L. 3. D. de decurion. (50, 2.) L. 1. D. de albo scribendo (50, 3.) Ulp. 5. L. 6. D. de pollicitationibus (50, 42.)

andern die Verpflichtung zu städtischen Deputationen (legationes) und zum Schwurgericht (iudicandi munus) ([1]) endlich über die Gemeindeangehörigkeit und das Ortsbürgerrecht ([2]). In früheren Zeiten war diese ganze obervormundschaftliche Aufsicht des Statthalters beschränkter gewesen. So lange es noch in der Provinz autonome peregrinische und formell souveraine latinische Gemeinden gab, war die peregrinische oder latinische Vormundschaft und Freilassung nach eigenen Gesetzen oder nach latinischer Gemeindeordnung Sache des fremden Gemeindebeamten oder des latinischen Duovir, dem römischen Statthalter lag nach der Lex Julia und Titia nur die Vormünderbestellung für römische Pupillen und Frauen und nach der Lex Aelia Sentia nur die Controle über Freilassungen römischer Bürger ob. Seit Caracalla konnten Latinen und Peregrinen nur noch unter den Freigelassenen vorkommen, dagegen waren die Gemeinden der Provinz secundäre römische Bürgergemeinden geworden, eine latinische Vormünderbestellung oder Freilassung vor dem Duovir und dem latinischen Gemeinderath blieb fortan nicht mehr zulässig und die Ernennung des Vormundes hatte sich überall in ein verantwortliches Vorschlagsrecht verwandelt, falls sie nicht in geringfügigen Vormundschaften dem Duovir delegirt wurde. Den Obrigkeiten verblieb also regelmäfsig nur die Lokaluntersuchung der Tüchtigkeit, während die Ernennung selbst dem Statthalter zufiel: ein so bestellter Vormund hiefs ex inquisitione datus und durfte, weil die Haftbarkeit seiner Nominatoren, der Municipalmagistrate seit dem Senatsbeschlufs unter Trajan hinter ihm stand, ohne weitere Sicherheitsleistung mit der Verwaltung des Mündelguts betraut werden. Diese Bemerkung macht der Jurist jedoch erst bei der Cura über Wahnsinnige, Gütermassen und Minderjährige, welche er im sechsten Buch hinter der Vormundschaft und Gemeindebeaufsichtigung also auch wohl erst

([1]) Im Allgemeinen handelt davon Ulp. 4. L. 6. D. de mun. (50, 4.) Die Immunitäten und Ablehnungsgründe werden in L. 4. D. de veteranis (49, 18.) L. 2. 3. D. de iure imm. (50, 6.) und L. 6. §. 5. D. de excusat. (27, 1.) L. 20. D. de adm. tut. (26, 7.) L. 79. pr. D. de iudiciis (5, 1.) und in Anwendung auf Legationen in L. 6. D. de legationibus (50, 7.) erörtert. Des Dienstes als Geschworner bei den Conventen und der Rechtsbelehrungen des Statthalters gedenkt Ulp. 5. L. 79. §. 1. D. de iudiciis (5, 1.)

([2]) Ulp. 5. L. 7. D. municipalem (50, 1.). Zweifelhaft bleibt L. 5. D. de extraord. crim. (47, 11.) welche nach der florentiner Inscription in das fünfte Buch gehört, dem Inhalt nach aber der L. 2. D. de his qui sui (1, 6.) sich anschliefst, die aus dem achten Buch entnommen ist.

hinter den verbotenen Collegien abhandelt ([1]). Selbst die Dispensation von dem Grundsatz der Lex Aelia Sentia, dafs der noch nicht Zwanzigjährige nicht gültig freilassen könne ohne einen zureichenden Grund vor dem aus zwanzig Recuperatoren bestehenden Freilassungsrath des Statthalters nachzuweisen, hat Ulpian erst in diesem Zusammenhange untergebracht ([2]).

Den ganzen Rest der Schrift füllt die proconsularische Criminalpolizei und Criminaljustiz, deren Darstellung das siebente ([3]), achte, neunte und zehnte Buch begreift, überaus sorgfältig gearbeitet, auch verhältnifsmäfsig am vollständigsten erhalten ist. Der Plan erinnert an das Julianische Edict insofern das materielle Recht in den Rahmen des Prozesses eingefügt ist. Die späteren Rechtssammlungen von Theodosius und Justinian übertragen dies System auch auf die Strafrechtspflege: ohne Zweifel hat Ulpians Vorgang hier vermittelnd eingewirkt.

Ein guter und gewissenhafter Statthalter, sagt der Jurist, sorgt mit Ernst für die Ruhe und den Rechtsfrieden in seiner Provinz ([4]). Raub- und Diebesgesindel läfst er bis in seine Schlupfwinkel aufsuchen und straft die Hehler und Durchhelfer. Die Aufspürung entlaufener Sclaven fördert er durch schriftliche Befehle und beigegebene Häscher bis in das Innere des Hauses, die Güter der Senatoren und des Kaisers nicht ausgenommen. Tobsüchtige Personen, welche von ihren Angehörigen nicht gebändigt werden können, läfst er einschliefsen, wer aber in fingirter Raserei einen Mord begeht, den zieht er zur verdienten Strafe ([5]). In allen Criminalsachen gilt die Regel der militärischen Disciplin, welche keine Feiertage kennt, die Verhöre der Verhafteten finden also an jedem Tage Statt, nur

---

([1]) Ulp. 6. L. 8. D. de cur. fur. (27, 10.) L. 35. D. ad S. C. Trebell. (36, 1.)

([2]) Ulp. 6. L. 11. 13. D. de manum. vind. (40, 2.)

([3]) Ulp. lib. VI. de officio proconsulis L. 2. D. de colleg. et corporibus (47, 22.) Quisquis illicitum collegium usurpaverit, ea poena tenetur, qua tenentur qui hominibus armatis loca publica vel templa occupasse iudicati sunt gehört nicht in das Strafrecht sondern zu den juristischen Personen und mufs daher im Anfang des sechsten Buchs gestanden haben.

([4]) Ulp. 7. L. 13. pr. D. de offic. praesidis (1, 18.) Congruit bono et gravi praesidi curare ut pacata atque quieta provincia sit quam regit quod non difficile optinebit si sollicite agat ut malis hominibus provincia careat eosque conquirat. nam et sacrilegos, latrones, plagiarios, fures conquirere debet et prout quisque deliquerit in eum animadvertere . . L. 3. D. de fugitivis (11., 4.)

([5]) Ulp. 7. L. 13. §. 1. D. de off. praes. (1, 18.)

die Convente und Judicia der bürgerlichen Rechtspflege (forensia negotia) werden durch die Ferien unterbrochen ([1]).

Das Strafamt des Proconsuls wird in Folge des Accusationsprincips, welches den ganzen römischen Strafprozefs beherrscht, erst durch eine Anklage in Bewegung gesetzt. Das römische System möglichster Vervielfältigung der Ankläger überträgt das Anklagerecht keinem Staatsanwalte, sondern legt es in die Hand des einzelnen Bürgers. Dem Mifsbrauch dieses Systems der Privatanklage ist theils durch die sollenne Gewähr der Anklage (Subscriptio) theils durch die Einrede der abgeurteilten Sache vorgebeugt. Die Subscription mufs eine genaue Bezeichnung der Missethat und das Versprechen enthalten, die Anklage bis zum Endurteil durchführen zu wollen: durch die erste (assertorische) Clausel soll der Calumnie, durch die zweite (promissorische) der Tergiversation vorgebeugt werden ([2]). Die Einrede der Freisprechung wird freier als im Civilprozefs gehandhabt: der wissentlich falsche Ankläger wird gegen den Freigesprochenen zu keiner zweiten Anklage gelassen, ein anderer Ankläger wird nur ausnahmsweise wegen besonderen persönlichen Interesses gehört ([3]). Die Competenz des Statthalters bestimmt sich nach dem Ort des begangenen Verbrechens ([4]).

Der Angeklagte, welcher Bürgschaft anbietet, wird auf freiem Fufs prozessirt und die Obhut seinen Bürgen überlassen. In Ermangelung eines Vadimonium tritt in leichteren Vergehen militärische Bewachung ein. In schweren Criminalfällen und vor der Hinrichtung wird dagegen Einkerkerung und Fesselung nothwendig ([5]). Gegen Abwesende ist in Kapitalsachen eine Verurteilung überall nicht statthaft. In leichteren Vergehen, die nur mit Geld- und Ehrenstrafen geahndet werden, sind nach dem Muster bürgerlicher Rechtssachen Conturmazialurteile zulässig, wenn die öffentliche oder Privatladung so oft wiederholt worden ist, dafs sie nicht überhört sein

---

(1) Ulp. 7. L. 9. D. de feriis (2, 12.)

(2) Ulp. 7. L. 7. pr. §. 1. D. de accusut. et inscript. (48, 2.) Eine Ausnahme macht die Anklage Namens eines Pupillen, welche der Vormund nach dessen Tode nicht durchzuführen braucht.

(3) Ulp. 7. L. 7. §. 2. 3. D. de accusat. et incript. (48, 2.)

(4) Ulp. 7. L. 7. §. 4. 5. D. eodem.

(5) Ulp. 7. L. 3. D. de custodia et exhibitione reorum (48, 3.)

konnte [1]. — Gegen den ausbleibenden Ankläger hatte der Turpilianische Senatsbeschlufs Geldstrafe, Verlust des Anklagerechts und Ehrlosigkeit als Strafe ausgesprochen: die Proconsular-Praxis geht in schweren Fällen noch über diese Rechtsnachtheile hinaus [2].

Der Darstellung der einzelnen Straffälle legt Ulpian eine Eintheilung zum Grunde, die dem Maafs des Strafübels entlehnt ist und daher bei den Strafen wiederkehrt: die Unterscheidung schwerer, mittlerer und leichter Straffälle. Mit der ersten Klasse hat das siebente, mit der zweiten das achte, mit der dritten das neunte Buch zu thun.

Dafs das Sacrilegium die erste Stelle erhielt entspricht dem Plan des ganzen Werkes, der bereits im zweiten Buche, in dem Vorrang der gottesdienstlichen Angelegenheiten vor den bürgerlichen begegnete. Es fehlt jedoch auch nicht an ausdrücklicher Bestätigung. In der Einleitung des Titels über die Lex Julia maiestatis heifst es vom Hochverrath und der Majestätsverletzung: Proximum sacrilegio crimen est quod maiestatis dicitur. Im Sinne des Justinianischen Rechts, welches der Majestätsverletzung den ersten Platz einräumt, bezeichnet dieser Satz blos die Schwere der Missethat. Im Sinne des Verfassers bezieht er sich dagegen zugleich auf den wenn gleich durch jenes innere Moment der Schwere bedingten, gleichwohl auch äufserlich im System hervortretenden Vorrang des Sacrilegiums. Er bildet daher den Übergang zu dem Majestätsverbrechen. Freilich hatte Ulpian nach den Pandekten in den unmittelbar folgenden Abschnitten desselben Fragments aufser dem Sacrilegium auch noch den Peculat der Majestätsverletzung vorausgeschickt und damit sein Princip, die Eintheilung nach der Schwere des Verbrechens anscheinend verlassen. Allein wenn die Zusammenstellung des Sacrilegiums mit dem Peculat nicht erst von Justinian, sondern wirklich schon von Ulpian herrührt, so würde er hier die innere Verwandtschaft ausnahmsweise der geschichtlichen Verbindung ge-

(1) Ulp. 7. L. 5. pr. D. de poenis (48, 19.)

(2) Ulp. 7. L. 5. §. 1. D. eodem. In accusatorem autem absentem nonnunquam gravius statuendum quam Turpiliani senatusconsulti poena irrogatur dicendum est. Auch die folgende allgemeine Bemerkung §. 2. Refert et in maioribus delictis consulto aliquid admittatur an casu et sane in omnibus criminibus distinctio haec poenam aut iustam eligere debet aut temperamentum admittere bezieht sich dem Zusammenhang nach nur auf absichtliches oder unverschuldetes Fallenlassen der Anklage.

opfert haben: denn beide Vergehen, Sacrilegium und Peculat gehörten von Alters her zusammen, wie sie denn auch noch in demselben Julischen Gesetz verbunden waren ([1]).

Nächst dem Julischen Majestätsgesetz behandelte das siebente Buch unter der Überschrift de sicariis et veneficis die im Cornelischen Gesetz vorgesehenen Fälle des Banditenmordes und des Giftmordes ([2]), ferner die Lex Julia de vi publica ([3]), endlich das Cornelische Gesetz über Fälschungen ([4]). Dieses letztere Gesetz kehrt zwar im achten Buch nochmals wieder: die Pandekten gedenken zum zweiten Mal der Münzfälschung in einem Fragment, welches die Florentina, die für den letzten Abschnitt einzige Quelle ist, ausdrücklich und mit Buchstaben dem achten Buche zuschreibt. Die Collatio giebt eine Rubrik Ulpianus sub titulo de poena legis Corneliae testamentariae libro (oder nach der Wiener Handschrift libri) VIII, welche unzweifelhaft unserer Schrift angehört ([5]). Man möchte zuerst an eine Fortführung der Fälschung durch mehrere Bücher denken, wenn nicht ähnliche Wiederholungen auch bei andern Gesetzen begegneten. Es wird also angenommen werden müssen, dafs im siebenten Buch die schwereren, im achten die leichteren Straffälle eines und desselben Gesetzes erörtert wurden.

In der Collatio 15, 2. wird dann aus dem siebenten Buch noch ein Titel de mathematicis et vaticinatoribus gegen Zauberei und verwandte Künste citirt, gegen welche alte Senatsschlüsse existirten, trotz deren freilich die Praxis oft genug geschwankt hatte.

Nach Lactantius endlich kam im siebenten Buch noch Ein schweres todeswürdiges Verbrechen vor, welches natürlich in der Collatio und den Pandekten wegblieb: das Verbrechen ein Christ zu sein. Davon wird am Schlufs der gegenwärtigen Übersicht noch besonders gehandelt werden müssen.

---

([1]) Ulp. 7. L. 6. pr. D. ad legem Iuliam peculatus (48, 13.) L. 1. pr. D. ad legem Iuliam maiestatis (48., 4.). Proximum sacrilegio crimen est quod maiestatis dicitur.

([2]) Ulpianus libro VII. de officio proconsulis sub titulo de sicariis et veneficiis: Collatio I, 3. 6. 11. L. 4. D. ad legem Corneliam de sicariis (48, 8.)

([3]) Ulp. 7. L. 6. D. ad legem Iuliam de vi publica (48, 6.)

([4]) Ulp. 7. L. 8. D. de lege Cornelia de falsis (48, 10.)

([5]) Collatio VIII, 7. Die Worte de officio proconsulis fehlen in allen Handschriften.

Es folgen im achten Buch die mittleren Vergehen.

Zwar begegnen auch hier noch einige Fälle aus Cornelischen, Pompejischen, Julischen Rechtsordnungen, die unter die schwersten Missethaten gezählt werden könnten. Es kommt ein Titel de naufragiis et incendiariis wie Pithou ergänzt, besser de incendiis vor (1). Ja es begegnet ein Fragment aus der Lex Pompeia de parricidiis, also dem schwersten und widernatürlichsten aller Verbrechen überhaupt (2). Allein das Bruchstück handelt nicht von der That, sondern nur von der Mitwissenschaft und das Cornelische Gesetz wird ebenfalls nur in Bezug auf minder strafbare oder völlig straflose Handlungen, wie die Besitzergreifung von Strandgut aus dem eigenen Schiffbruch in Betracht gezogen. Der Titel der Collatio ad legem Juliam de vi publica et privata gehört nach den Handschriften in das neunte Buch und ist erst von Cujas auf Grund einer nicht glücklichen Combination in das achte hinaufgezogen worden (3).

Die übrigen Fälle zweiter Ordnung sind so genannte extraordinaria crimina (4). So nämlich werden sie bezeichnet theils zum Unterschiede von den altgesetzlichen legitima crimina republicanischer Rechtsordnung (5),

---

(1) Ulp. 8. L. 12. D. de incendiis (47, 9.). Collatio XII, 5. Ulpianus libro VIII. de officio proconsulis (sub titulo) de naufragiis et (incendiariis): das eingeklammerte ist Conjectur Pithous, in den Handschriften fehlt es.

(2) Ulp. 8. L. 6. D. de lege Pompeia de parricidiis (48, 9.)

(3) Die Ueberschrift in der Collatio VIII, 9 = IX, 2. lautet: Ulpianus libro VIIII de officio proconsulis sub titulo ad legem Iuliam de vi publica et privata, doch fehlen die Worte Ulpianus libro VIIII in den Handschriften von Wien und Vercelli. Cujas ändert die Zahl in VIII, weil vom Zeugnifs die Rede ist und die L. 19. D. de testibus (22, 5.) im achten Buche stand. Allein diese Stelle behandelt ganz andere Befreiungen vom Zeugnifszwang, die im 87 und 88 Kapitel der Lex Iulia de vi publica et privata, so weit wir es kennen, nicht mit angeführt werden. Zwar setzen die Worte Eadem lege, mit welchen Ulpian die Lex Iulia de vi publica et privata einleitet, noch andere Bestimmungen dieses Gesetzes voraus, welche er früher angeführt haben mufs: und in der That kommt im achten Buch noch ein anderes Capitel der Lex Iulia de vi vor: L. 7. D. ad legem Iuliam de vi publica (48, 6.). Allein dieses gehörte wie sich aus Paulus 5, 26. §. 1. ergiebt, der lex Iulia de vi publica an, welche ebenda §. 3. von der lex Iulia de vi publica et privata unterschieden wird.

(4) Ulp. 8. L. 3, §. 2. D. stellionatus (47, 20.) poena autem stellionatus nulla legitima est, cum nec legitimum crimen sit. solent autem et hoc extra ordinem plecti.

(5) Die Beweise sind in Note 1. pag. 244. angeführt.

theils aber und hauptsächlich in dem materiellen, jurisdictionellen und prozefsrechtlichen Gegensatze gegen die Civilansprüche aus Vergehen, welche zum ius ordinarium oder an das forum, also an die Landtage und Schwurgerichte verwiesen werden: dies tritt deutlich in der Callatio hervor, erst in den Digesten ist die Erwähnung der alten Convente überall getilgt worden. In diese Kategorie mittlerer Vergehen gehören die qualifizirten Diebstähle des Titels de furibus, wie der nächtliche Diebstahl, der Einbruch, der Badediebstahl, der Derectariat, der bewaffnete Diebstahl (¹). Ein anderer Fall ist die unter dem Titel de abigeis dargestellte vom Diebstahl wohl unterschiedene Kunst der Abigei oder Abactores, welche Vieh von der Weide oder aus dem Stalle in gröfserer Zahl wegtreiben (²). In einem ferneren Titel de dominorum saevitia hatte Ulpian die neueren Rescripte gegen Mifshandlung der Sclaven durch ihre Herren gesammelt: ein Fall, der nach alter Rechtsordnung, die den Herrn unbeschränktes Eigenthum auf Treue und Glauben gegeben hatte, überall nicht ins Rechtsgebiet gehörte (³). Endlich waren hier die Mandate und Constitutionen gegen die so genannten Dardanarii gesammelt, die nach republicanischem Recht nur einer ädilischen Mult unterlegen hatten (⁴). Den Schlufs scheint der sogenannte Stellionat gebildet zu haben, dieses strafrechtliche Gegenbild des civilrechtlichen Dolus, dessen Bestrafung in Ermangelung aller gesetzlichen Bestimmungen dem richterlichen Ermessen des Proconsuls offen gelassen war (⁵).

In diesem Zusammenhang hatte Ulpian des Zeugnisses und der Folter erwähnt (⁶). Der Zwang zum Zeugnifs und die Beschränkungen desselben fanden nur in Strafsachen Statt und auch die dem Zeugnifs entsprechende Folter der Sclaven war abgesehen von Centumviral- und Tutelarsachen nur in Criminalfällen zulässig. Ja selbst hier richtete sich die Gränze der

---

(¹) Ulpianus libro octavo de officio proconsulis sub titulo de furibus. Collatio VII, 4. §. 1. = L. 1. D. de furibus balneariis (47, 17.) — L. 1. D. de effractoribus et expilatoribus (47, 18.).

(²) Ulpianus libro octavo de officio proconsulis in der Collatio XI, 7. §. 1. ff. = L. 1. D. de abigeis (47, 14.)

(³) Ulpianus libro octavo de officio proconsulis, sub titulo de dominorum saevitia in der Collatio II, 3. = L. 2. D. de his qui sui (1, 6.)

(⁴) Ulp. 8. L. 6. pr. D. de extraordinariis criminibus (47, 11.)

(⁵) Ulp. 8. L. 3. D. stellionatus (48, 10.)

(⁶) Ulp. 8. L. 19. D. de testibus (22, 5.) L. 1. D. de quaestionibus (48, 18.)

Anwendbarkeit nach der Schwere des Verbrechens: die Folter wider den Herrn, die Folter fremder Sclaven aufser der eigenen Sache oder im Interesse des Herrn, die Folter freier Menschen endlich war nur in schweren Fällen ausnahmsweise gestattet. In diesem Sinne sagt der Jurist im Eingange dieses Abschnittes: In criminibus eruendis quaestio adhiberi solet. sed quando vel quatenus id faciendum sit videamus. Im weiteren Verfolg stellt er die Zulässigkeit nach den neusten Gesetzen dar. Schliefslich hebt er den zweifelhaften, relativen und durchaus nur nach Befinden der Umstände zu bestimmenden Werth dieses Beweismittels hervor.

Mit dem neunten Buch beginnt die dritte Klasse der leichten Übertretungen, welche zum Theil mit Geldbufsen bestraft werden. Aus diesem Abschnitt kennen wir den Titel ad legem Fabiam über den Menschenraub ([1]) und den Titel de termino moto ([2]) aus der Collatio. Der Bestrafung der undankbaren Freigelassenen ([3]), der Gaukler (saccularii) und nochmals der Derectarii, die schon im vorigen Buch erwähnt waren ([4]), der Prävarication ([5]) und Sachverrätherei ([6]), der Entwendung erbschaftlicher Sachen ([7]) des provinziellen Scopelismus ([8]) und Durchstichs der Nildämme ([9]) geschieht in Pandektenfragmenten Erwähnung.

Erst nachdem in dieser Weise das ganze System der Verbrechen gegliedert und in den Rahmen des Anklageacts eingefafst ist, geht der Verfasser in der Entwicklung des Strafverfahrens ordnungsmäfsig weiter.

Zunächst erörtert er das Contumazialverfahren wenn der Angeschuldigte nicht sistirt wird. Der Erscheinungsbürge, welcher die Gestellung arglistig hindert, wird peinlich bestraft; sonst trifft ihn eine Geldbufse,

---

([1]) Ulpianus libro VIIII. de officio proconsulis sub titulo ad legem Fabiam in der Collatio XIV, 3. L. 2. D. de lege Fabiae de plagiariis (48, 15.)

([2]) Ulpianus libro VIIII. (die Zahl fehlt in den Handschriften von Wien und Vercelli) de officio proconsulis sub titulo de termino moto in der Collatio XIII, 3.

([3]) Ulp. 9. L. 1. D. de iure patronatus (37, 14.)

([4]) Ulp. 9. L. 7. D. de extraordinariis criminibus (47, 11.)

([5]) Ulp. 9. L. 2. D. de praevaricatione (47, 15.)

([6]) Ulp. 9. L. 8. D. de extraordinariis criminibus (47, 11.)

([7]) Ulp. 9. L. 2. D. expilatae hereditatis (47, 19.)

([8]) Ulp. 9. L. 9. D. de extraordinariis criminibus (47, 11.)

([9]) Ulp. 9. L. 10. D. eodem.

welche Mangels eines bestimmten Vadimoniums oder Gerichtsgebrauchs nach dem Ermessen des Proconsuls bestimmt wird (¹).

Hieran reiht sich der Criminalbeweis. Zwar scheint die Überschrift Ulpianus libro VIIII de officio proconsulis sub titulo ad legem Juliam de vi publica et privata mehr zu den speciellen Anklagen als zu den Beweisregeln zu passen. Allein sie bezieht sich eben nicht auf das ganze Julische Gesetz sondern nur auf das 87 und 88ste Kapitel. Diese handelten von den excusabelen und recusabelen Zeugen und wurden in dieser Frage, wie man aus den Anführungen bei Gaius, Paulus und Callistratus entnehmen kann, als gesetzliche Auctorität zur Grundlage der Doctrin genommen (²).

Den Schlufs des Strafrechts bildet das Strafurtheil und die gegen dasselbe zulässigen Rechtsmittel.

Dabei wird zuerst im Allgemeinen erörtert: ob Eröffnungen, welche der Verurteilte dem Kaiser zu machen haben will, die Strafvollziehung aufhalten dürfen. Die Praxis schwankte natürlich je nach der Individualität des Statthalters. Nach Ulpians eigener Meinung darf der Statthalter auf solche vorgebliche Enthüllungen gar nicht eingehen, da sie augenscheinlich nur Aufschub der Strafe bezwecken und der Verurteilte nur noch strafwürdiger erscheint, wenn er ein so wichtiges Geheimnifs gewufst und gleichwohl bis zum Äufsersten zurückgehalten hat (³).

Eine andere allgemeine Frage ist: ob der Statthalter in Strafsachen seiner Untergebenen und Hausgesinde sich des Strafurteils enthalten müsse, wie es in Civilsachen Rechtens ist? Ulpian's Ansicht ist, die strenge Strafgerechtigkeit gegen die eigenen Untergebenen führe zu heilsamer Abschreckung und sei daher nicht erst dem Amtsnachfolger vorzubehalten (⁴).

Die einzelnen Strafen, welche der Proconsul erkennen darf, führt der Verfasser, von den schwersten zu den leichtern und mildesten fortschreitend, auf acht verschiedene Kategorien zurück (⁵).

---

(¹) Ulp. 9. L. 4. D. de custodia et exhibitione reorum (48, 3.)

(²) Die Lex Iulia de vi erscheint auch bei Callistratus in der L. 3. §. 5. D. de testibus (22, 5.)

(³) Ulp. 9. L. 6. pr. D. de poenis (48, 19.)

(⁴) Ulp. 9. L. 6. §. 1. D. eodem.

(⁵) Ulp. 9. L. 6. §. 2. L. 8. pr. D. eodem. Nunc genera poenarum nobis enumeranda sunt, quibus praesides afficere quemque possunt: et sunt poenae quae aut vitam adimant

Er beginnt also mit der Lebensstrafe in den beiden allein gesetzlichen Formen des Feuers und Schwertes: denn freie Wahl der Todesart kann nur der Kaiser gewähren. Die Strafe ist das summum supplicium, denn sie vernichtet die natürliche und die rechtliche Existenz, den Menschen und die Person als Vermögensbeherrscher, sie ist Tod und capitis diminutio zugleich, denn der Gerichtete hinterläfst keine Erbschaft. In Hochverraths- und Majestätsfällen wird sogar die Bestattung versagt; dem Vorbild des Augustus der in seiner Selbstbiographie sich rühmte, sie der Bitte der Angehörigen nie verweigert zu haben, wagte die Gerichtspraxis nicht zu folgen (1).

Der nächstfolgende Strafgrad, die Bergwerksstrafe, ebenso der mildere Grad der Kettenstrafe, die Bergwerksarbeit vernichtet die Freiheit, der Sträfling ist Sclav ohne Herrn, war er vorher schon Sclav, so verliert der Herr sein Eigenthum (2).

Alle schimpflichen und geschärften Todes- und alle Kettenstrafen sind auf Sclaven und Plebejer beschränkt, sie treffen nur die Menschen, welche im kaiserlichen Rom kein Bürgerrecht ansprechen dürfen und daher politische Rechte nicht zu verlieren haben. Für den Municipaladel der Decurionen beginnt die Stufenleiter erst mit dem dritten Grade, bei der Deportationsstrafe d. h. der lebenslänglichen, das Bürgerrecht vernichtenden gezwungenen Fortschaffung auf eine unwirthbare Strafinsel. Diese politische Vernichtung eines politisch Berechtigten auszusprechen und zu vollziehen steht nur dem Oberhaupte des Staates oder seinen Spezialdelegirten zu, der Statthalter ist auf einen gutachtlichen Bericht und sorgfältige Motivirung (plena opinio) beschränkt: nur die entsprechende Plebejerstrafe lebenswieriger Zwangsarbeit darf er aus eigener Macht erkennen (3).

---

aut servitutem iniungant, aut civitatem auferant, aut exilium aut coercitionem corporis contineant, aut damnum cum infamia, aut dignitatis aliquam depositionem, aut alicuius actus prohibitionem.

(1) Ulp. 9. L. 8. §. 1. 2. 3. D. eodem L. 1. D. de cadaveribus punitorum (48, 24.)

(2) Ulp. 9. L. 8. §. 4—13. D. de poenis (48, 19.)

(3) Ulp. 9. L. 6. D. de interdictis et relegatis (48, 22.). Bei der merkwürdigen Competenzbestimmung traf dreierlei zusammen 1) die politische Natur der Verbrechen, 2) die politische Stellung des Verbrechers, 3) das kaiserliche Reservatrecht der Strafschärfung, Strafmilderung und Ausführung durch Bestimmung der Strafinsel. Vgl. Julius Capitolinus in M. Antonino c. 24. Erat mos iste Antonino ut omnia crimina minore supplicio, quam legibus plecti solent, puniret. Capitales causas hominum honestorum ipse cognovit quidem

Die bis jetzt erwähnten Strafen waren capital, sie vernichteten die natürliche und rechtliche, die politische und privatrechtliche Persönlichkeit.

Es folgen die nicht capitalen Strafen.

Zunächst die Relegation oder das Exil d. h. die erzwungene Beschränkung des Aufenthalts auf Zeit oder für immer ohne gesetzlich eintretende Vermögenseinziehung. Positiv ist es Verstrickung auf eine der Jurisdiction des Statthalters unterworfene Insel oder Oase oder Wüste, oder Stadt; negativ hingegen Ausweisung aus der Provinz, in welcher der Interdizirte delinquirt hatte oder in welcher er durch Herkunft oder Wohnsitz Heimathsrechte besafs. Aufser der örtlichen hat die Sentenz auch die zeitlichen Gränzen, den Anfangs- und Endtermin der Verbannung festzustellen. Ersteres pflegt durch Bestimmung einer Frist zu geschehen, binnen welcher er die Provinz zu verlassen hat (1).

Die Relegation nimmt, falls sie nicht vergleichsweise Statt einer Geldstrafe erkannt ist, die gemeine bürgerliche Ehre (2). Es giebt aber auch Ehrenstrafen, welche auf die besondere Standesehre beschränkt sind. Dahin gehört die Entfernung eines Decurio aus dem Gemeinderath und die Ausschliefsung von allen, oder den höheren Gemeindeämtern (3).

An diese „dignitatis depositio" oder höhere politische Atimie schliefst der Jurist die „alicuius actus prohibitio", die Suspension vom Geschäft. Den Übergang bildet die Suspension der Advocatur, in der das alte Recht

---

summa aequitate ita ut praetorem reprehenderet qui cito reorum causas audierat .. dignitatis eorum interesse dicens ut ab eo audirentur qui pro populo iudicaret. v. Holtzendorff, die Deportationsstrafe 1859. S. 99—107. Der Anstofs, welcher in dieser Schrift an L. 6. §. 2. D. de poenis (48, 19.) genommen wird, ist leicht zu beseitigen, wenn man erwägt, dafs es der Bericht des Statthalters ist, auf den doch am Ende Alles ankommt, wenn er auch nicht das eigentliche Erkenntnifs enthält (Vgl. L. 1. pr. D. quando appell. 49, 4.)

(1) Ulp. 19. L. 7. pr. — §. 19. D. de int. et releg. (48, 22.) Die Verweisung in die Wüste (in loca desertiora) welche im §. 9. erwähnt wird, hat man seltsamer Weise von den wüsten Stellen der römischen Campagna verstanden, während doch ausdrücklich partes provinciae quae sunt desertiores genannt werden. Vgl. von Holtzendorff a. a. O. S. 106. Note 21. Die Urteilsformel lautete nach §. 17. Illum provincia illa insulisque illis relego: excedereque debebit intra illum diem.

(2) Ulp. lib. 6. ad Edictum. L. 13. §. 7. D. de his qui not. (3, 2.)

(3) Ulp. 10. L. 7. §. 20—22. D. de int. et releg. (48, 22.)

des unbescholtenen Bürgers für Andere zu postuliren, eine gewerbliche Form angenommen hatte ([1]). Eine weiter greifende Wirkung hat die Interdiction des Forums. Sie umfaſst den ganzen Geschäftskreis des Convents und trifft nicht allein den gerichtlichen Redner, sondern auch die rechtskundigen Rathgeber (iuris studiosi) und Urkundspersonen (tabelliones sive pragmatici), da alle drei Klassen an den Geschäften der bürgerlichen Rechtspflege, den eigentlichen forensia negotia irgendwie betheiligt sind ([2]). Da endlich die Ausschlieſsung von fremden Rechtsgeschäften auf einzelne Kategorieen derselben, wie Privatacte und öffentliche Acte beschränkt sein kann ([3]), so knüpft sich an sie die Untersagung eigener Rechtsgeschäfte, wie unter andern der Pachtung öffentlicher Gefälle ([4]), mit welcher Ulpian seine provinzielle Pönologie abschlieſst ([5]), indem er nur noch eine Schluſsbemerkung über die Anwendung der verschiedenen Strafarten auf die verschiedenen Gesellschaftsklassen hinzufügt, welche verhüten soll, daſs die abstracte Gleichheit vor dem Gesetz nicht in eine materielle Ungleichheit und Ungerechtigkeit umschlage ([6]).

Aus der Executionsordnung ist uns noch eine merkwürdige Notiz über die pannicularia und spolia erhalten, die man durch ungenügende Interpunction confundirt hat. Pannicularia, nach den Tironischen Noten pannun-

---

(1) Ulp. 10. L. 9. pr. §. 3. D. de poenis (48, 19.) Symmachi ep. 5, 41. Epictetus togae forensis honore privatus est.

(2) Ulp. 10. L. 9. §. 4. D. eodem. Nonnunquam non „*advocationibus*" cui interdicitur sed „*foro*". Plus est autem foro quam advocationibus interdicere: si quidem huic omnino forensibus negotiis accommodare se non permittatur. Solet autem ita vel iuris studiosis interdici vel advocatis vel tabellionibus sive pragmaticis.

(3) Ulp. 10. L. 9. §. 5—8. D. eodem.

(4) Ulp. 10. L. 9. §. 9. D. eodem. Anders verhält es sich mit einem positiven Zwang zu einem Geschäft z. B. einer Lieferung: et sunt quidem hae poenae, heiſst es im §. 10., si quis generaliter tractare velit, inciviles, invitum hominem iubere facere quod facere non potest. Sed si quis specialiter tractaverit potest esse iusta causa compellendi eius ad negotiationem. Quod si fuerit, sequenda erit sententia.

(5) Ulp. 10. L. 9. §. 11. D. eodem. Istae fere sunt poenae quae iniungi solent.

(6) Ulp. 10. L. 9. §. 11—16. D. eodem. Sed enim sciendum est discrimen esse poenarum neque omnes eadem poena adfici posse. Im Gegensatz hierzu heiſst es von Maximin bei Jul. Capitolinus c. 8. cuius (disciplinae militaris) exemplo civilia etiam corrigere voluit: aber es wird auch hinzugesetzt: quod non convenit principi qui velit diligi. Erat enim illi persuasum nisi crudelitate imperium non teneri.

cularia sind die geringeren Werthgegenstände, welche der Gefangene bei der Verhaftung an sich trug. Spolia dagegen sind die Kleidungsstücke, die ihm erst vor der Hinrichtung im spoliarium abgenommen werden. Nach dem Herkommen fallen die pannicularia dem speculator zu, der die Verhaftung vollzieht, die spolia dem optio welcher bei der Hinrichtung befehligt, wie die Evangelien bestätigen. Manche Statthalter pflegten den geringen Ertrag beider Klassen von Gegenständen aus übergrofser Dienstbeflissenheit für den Staatsfiscus zusammenzuscharren. Nach Ulpian gebührt er dem Gerichtsfiscus und ist zu provinziellen Ausgaben, Schreibmaterialien, Remunerationen, Bewirthung fremder Abgeordneten zu verwenden (1).

An die also gegliederte Darstellung der Strafjustiz knüpft sich unmittelbar der Schlufs des ganzen Werks, die rechtliche Ordnung des Abzugs aus der Provinz. Diese Ordnung stammte in ihren Grundbestimmungen aus Cäsars Repetundengesetz. Nach diesem darf der Proconsul seinen Legaten nicht vor seinem eigenen Ausscheiden aus der Provinz entlassen. Daraus leitet Ulpian das Princip ab, dafs die verschiedenen Proconsulate rechtlich eine Einheit bilden, weil die Geschäfte namentlich die Rechtspflege keine Unterbrechung leiden (2). Diese mufs daher bis zur Ankunft des neuen Statthalters fortgesetzt werden, denn bereits im Eingange hatte Ulpian bemerkt, dafs der Nachfolger erst nach seinem Einzuge die Jurisdiction gültig mandiren könne wenn auch die rechtliche Ordnung erfordere, dafs er die edictale Verkündigung des Amtsantritts und Einzugstags, das Edictum de adventu suo, seinem Vorgänger schon vorher zugehen lasse (3).

## III.

Die römische Rechtswissenschaft und Rechtspflege besafs in der Schrift des Ulpian für das Strafrecht ungefähr Dasselbe, was Ulpians grofser Edictscommentar für das Civilrecht darbot (4). In beiden erscheint das Recht

(1) Ulp. 10. D. de bonis damnatorum (48, 20.)

(2) Ulp. 10. L. 10. D. de officio proconsulis (1, 16.) cum sit unus proconsulatus et utilitas provinciae cogat esse aliquem, per quem negotia sua provinciales explicent. Ergo in adventum successoris debet ius dicere.

(3) Ulp. 1. L. 4. §. 6. D. eodem.

(4) Ulp. 1. L. 4. §. 6. D. eodem.

im Zustande des Streits, in der Action gegen Verneinung und Verletzung. Beide befolgen daher den gleichen Plan, indem sie den allgemeinen Gang des Civilverfahrens, beziehungsweise des Strafprozesses zur Grundlage wählen und in diesen die einzelnen Klagen und Missionen, bezüglich die Anklagen und Strafgattungen einschalten ([1]). Beide geben in ausführlicher Darstellung was Paulus vielgebrauchte receptae sententiae in die Kürze des Rechtssprüchworts zusammendrängen. Beide würden sich daher in gleicher Weise selbst für den Rechtsunterricht geeignet haben, wenn dieser im kaiserlichen Rom, wie es einst in dem republicanischen Elementarunterricht nach den zwölf Tafeln geschehen war, das Strafrecht nur überhaupt noch in den Lehrkreis aufgenommen hätte. Dies aber ist eben nicht geschehen und deshalb fehlt es der noch weiter unten genauer zu erwägenden einzig auf unser Glossar gebauten Hypothese, nach welcher auf der Provinzialschule zu Berytos über Ulpians Buch gelesen sein soll, an jeder sichern Begründung. Gleichwohl würde es befremden wenn eine so reichhaltige und zugleich so praktische Arbeit ohne nachhaltigen Eindruck vorübergegangen wäre und in der That fehlt es weder für das Gewicht noch für die Dauer ihrer Auctorität an ganz entscheidenden Beweisen.

Das älteste Zeugnifs für die Benutzung der Ulpianischen Schrift geben Modestin's Excusationen, welche frühstens unter Alexander verfafst sind ([2]). Das älteste: denn der Verfasser wird von Ulpian selbst im 37. Buch seines Edictscommentars, welches unter Caracallas Alleinherrschaft, zwischen 212 und 217 geschrieben ward, noch als sein unmittelbarer Schüler oder Beisitzer (studiosus) bezeichnet, dem er auf eine Anfrage Belehrung ertheilt (L. 52. §. 2. D. de furtis 47, 2.)

Dann folgt der Zeit nach die vielerwähnte Stelle des Lactantius im fünften Buch der Institutionen (de iustitia) im elften und zwölften Kapitel, in

---

([1]) Über die Ordnung des Edicts ist in der Zeitschrift für Rechtsgeschichte III. (1863) Num. 1. ausführlicher gehandelt.

([2]) Modestinus libro 2. Excusationum L. 6. §. 5. D. de excusationibus (27, 1.) καὶ φιλοσόφους δὲ ἀπολύεσϑαι ἐπιτροπῶν Παῦλος γράφει οὕτως. Philosophi, oratores, grammatici, qui publice iuvenibus prosunt, excusantur a tutelis, nam et Ulpianus libro quarto de officio proconsulis ita scribit. Hiernach könnte man annehmen wollen das Citat des Ulpian rühre bereits von Paulus her, da es lateinisch angekündigt wird. Allein lateinische Einleitungen finden sich bei Modestin öfter. Fitting über das Alter der Schriften römischer Juristen (1860) S. 55.

welchem Buch das Gesetz und die Gerechtigkeit des römischen Staats und seiner Proconsuln gegen die Christen einer scharfen, ja leidenschaftlichen Kritik unterzogen wird. Lactantius war damals schon nicht mehr in Nicomedia in Bithynien, denn kurz vorher erzählt er die Kirchenzerstörung während der Zeit seines dortigen oratorischen Lehramts ([1]). Dagegen erwähnt er im folgenden Buch de vero cultu die Verurteilungen der Christen zum Thierkampf als noch fortbestehend ([2]). Da diese Verfolgung zugleich als eine allgemeine im ganzen Reich (per orbem) verbreitete geschildert wird, so kann nur die Diocletianische gemeint sein, welche eben an den Terminalien, dem 23. Februar 304 mit der Zerstörung der Kirche zu Nicomedia begonnen hatte ([3]) und erst in dem Duldungsedict des Galerius 311 ihren Abschlufs fand ([4]). Da die Schrift de officio proconsulis vor dem Jahre 217, in welchem der noch im zehnten Buch als lebend verzeichnete Caracalla verstarb, verfafst wurde, so waren damals mindestens acht und achtzig Jahre seit ihrem Erscheinen verflossen. In diesen Zeitraum fallen überaus strenge

---

([1]) Lactantius divin. inst. 5, 2. Ego cum in Bithynio oratorias litteras accitus docerem contigissetque ut eodem tempore Dei templum everteretur. ...

([2]) Lactantius divin. inst. 6, 17. spectatae sunt enim *spectanturque adhuc* poenae cultorum Dei, in quibus excruciandis nova atque inusitata tormenta excogitata sunt. Nam de mortis generibus horret animus recordari, cum immanium bestiarum ultra ipsam mortem carnificina saevierit. Has tamen exsecrabiles corporum lacerationes felix atque invicta patientia sine ullo gemitu pertulit. Haec virtus omnibus populis atque provinciis... miraculum maximum praebuit..

([3]) Lactantius de mortibus persecutorum 12. Inquiritur peragendae rei dies aptus et felix; ac potissimum Terminalia deliguntur, quae sunt ante diem VII Kalendas Martias, ut quasi terminus imponeretur huic religioni. *Ille dies primus leti primusque malorum Causa fuit* — 13. Postridie propositum est edictum, quo cavebatur, ut religionis illius homines carerent omni honore ac dignitate, tormentis subiecti essent, ex quocunque ordine ac gradu venirent, adversus eos omnis actio valeret, ipsi non de iniuria, non de adulterio, non de rebus ablatis agere possent, libertatem denique ac vocem non haberent. Vgl. Neander, Geschichte der christl. Religion und Kirche I. (1825) S. 230. 231.

([4]) Lactantius de mortibus persecutorum 34. „*denuo sint Christiani et conventicula sua componant, ita ut ne quid contra disciplinam agant.*" 35. Hoc edictum proponitur Nicomediae pridie Kalendas Maias ipso (Galerio) octies et Maximino consulibus. (311) Eusebius, hist. eccl. 8, 17. Nicephorus 7, 22. Zonaras 12, 34.

Edicte und Rescripte des Decius (1) und Gallus (2), Valerian's (3) und Diocletian's gegen die Christen. Dennoch übergeht Lactantius diese verschärften Anordnungen und neueren Verfolgungen, ja die noch brennende neunte, um auf Ulpians Sammlung der Verordnungen weit älterer Unterdrücker zurückzugehen: gewifs ein redender Beweis, welches Ansehen diese Sammlung fortdauernd zu behaupten vermocht hatte. Quin etiam sagt er sceleratissimi homicidae contra pios iura impia condiderunt nam et constitutiones sacrilegae et disputationes iuris peritorum leguntur iniustae. Domitius de officio proconsulis libro septimo rescripta principum nefaria collegit, ut doceret quibus poenis affici opoteret eos qui se cultores Dei confiterentur. Quid iis facias setzt er hinzu, qui ius vocant carnificinas veterum tyrannorum adversus innocentes rabide saevientium? et cum sint iniustitiae crudelitatisque doctores, iustos se esse tamen ac prudentes videre volunt, caeci et hebetes et rerum et veritatis ignari. Zwar hat man, um den Freund Alexanders und seiner Mutter, die das Christenthum unter die im Reich erlaubten Culte aufnehmen wollten, vor diesen Vorwürfen zu schirmen, gegen die Handschriften und alten Ausgaben aus libro septimo rescripta vielmehr libris septem rescripta und aus dem Verfasser einen beliebigen andern Domitius gemacht, der dann aber in jener Schrift entweder überhaupt nur sieben Re-

---

(1) Cypriani ep. 40. quinque primores — edicto nuper magistratibus fuerant copulati, ut fidem nostram subruerent. Hieronymi Chron. ad ann. 254. In Christianos persecutionem movet. Euseb. hist. eccl. 6, 41. Neander a. a. O. S. 199.

(2) Cypriani ep. 55. sacrificia — edicto proposito celebrare populus iubebatur. Zonaras 12, 21. Βαρὺς δὲ καὶ οὗτος γέγονε τοῖς Χριστιανοῖς, καὶ οὐχ ἧττον Δεκίου, διωγμὸν κατ' ἀυτῶν ἐγείρας. Neander S. 208.

(3) Cypriani ep. 82. Recripsisse Valerianum ad senatum, ut episcopi et presbyteri et diaconi in continenti animadvertantur, senatores vero et viri egregrii, et equites Romani, dignitate amissa, etiam bonis spolientur, et si ademtis facultatibus Christiani esse perseveraverint, capite quoque multentur, matronae ademtis bonis in exilium relegentur. Caesariani quicunque vel prius confessi fuerant, vel nunc confessi fuerint, confiscentur et vincti in Caesarianas possessiones descripti mittantur. Subiecit etiam Valerianus Imperator orationi suae exemplum litterarum quas ad praesides provinciarum de nobis fecit, quas litteras quotidie speramus venire. Zonaras 12, 23. 'Ουαλεριανὸς δὲ σὺν Γαλιήνῳ τῷ υἱῷ τῆς Ῥωμαίων ἡγεμονίας δραξάμενος καὶ οὗτος σφοδρότατον ἐκίνησε κατὰ Χριστιανῶν διωγμόν. Neander S. 210.

scripte (1) oder aber eine überreiche sieben ganze Bücher starke Sammlung einzig nur gegen die Christen gerichteter Rescripte zu Stande gebracht haben müfste (2), jenachdem man vor oder hinter septem ein Komma setzt. Allein es handelt sich in dieser Frage nicht um Ulpian's persönliche Stellung gegen das Christenthum, sondern um die zu Recht bestehende Gesetzgebung des römischen Staats, der unter Caracalla noch nicht gesonnen war, mit der Kirche die Rolle des Unterdrückers zu wechseln. So lange jene Gesetzgebung die wenn auch alternde doch immer noch lebenskräftige Rechtsordnung des römischen Staats darstellte, war es Pflicht der Wissenschaft des positiven Rechts, dieselbe als geltendes Recht zu verzeichnen. Eine persönliche Abneigung Ulpians gegen die Christen würde sich nur begründen lassen, wenn ihm entweder eine parteiische Auswahl der ungünstigen Rescripte nachgewiesen werden könnte oder wenn ihre beweislose Anwendung auf das Bekenntnifs des Christenthums dem Recht so zuwider liefe, wie derselbe Lactantius es anderswo noch bestimmter andeutet (3). Allein die Darstellung Ulpian's war in diesem Titel ohne Zweifel nicht minder objectiv gehalten, wie in dem verwandten de mathematicis et vaticinatoribus und selbst Lactantius hat nicht zu behaupten gewagt, dafs Ulpian nur die ungünstigen Rescripte aufgenommen hätte. Gleichstellung des Bekenntnisses mit der Verurteilung galt allerdings im Strafprozesse regelmäfsig nicht, allein in der christlichen Kirche sah der Staat seine tödtliche Feindin, in diesem Kampf handelte es sich nicht um ein gewöhnliches Verbrechen, sondern um Sieg oder Untergang der einen oder der andern Gemeinschaft und sicher hat Ulpian in seinem Strafrecht die rescripta nefaria gegen die Bekenner

---

(1) Dieses ist die Meinung von Jo. Bertrand: Domitii Ulpiani vita in Schulting's Jurisprud. Anteiust. (1737) pag. 546.

(2) Dieses behauptet Grotius, Florum Sparsio ad L. 1. ff. de Extraordinariis criminibus Freher, Verisimilium lib. II. cap. 11.; Guil. Grot, vita Ulpiani in Schultings Jurisprud. Anteiust. (1737) pag. 557. — Die richtige Lesart (Domitius libro septimo) haben: Cuiacius, Obs. X, 34; Menagius, Amoenitates iuris civilis cap. XII. pag. 69; Petrus Pithoeus ad Collat. legum Rom. et Mos. cap. 10.; Schulting, Jurisprud Anteiust. p. 557. und in seiner Dissertatio de rescriptis Imperatorum Romanorum §. 5.; Bynkershoek, Obss. V. cap. 23. pag. 83. — Die ganze Frage erörtert P. de Toullieu, in seiner Oratio de Ulpiano an Christianis infenso? Groningae 1724 in Collect. pag. 495—515.

(3) Lactantius de mortibus persecutorum 15.

nicht, wie man bisher angenommen hat ([1]), etwa unter die Zauberei und Wahrsagerei, sondern zum Sacrilegium oder zum Hochverrath, als ausgesprochener Feindschaft wider den Staat, gestellt ([2]). Und hieraus läfst sich denn selbst auch das ganz singuläre, anscheinend sogar verkehrte Recht des gerichtlichen Geständnisses und der Folter vollständig erklären. Nach dem gemeinen Recht jener Zeit nämlich wie es namentlich in einem Rescript des Severus ausgesprochen ist, wurde freilich die Folter vorher gebraucht um ein Geständnifs zu erpressen, welches dann aber gleichwohl noch keinen entscheidenden Beweis lieferte, sondern nur weiterer Untersuchung als Grundlage diente. Den Christen gegenüber beweist dagegen umgekehrt das gerichtliche Geständnifs vollständig, dennoch wird hinterher die Folter gebraucht, um sie zum Läugnen zu bewegen ([3]). Diese Präposterität hat jedoch ihren guten Grund eben in der schon erwähnten Stellung des römischen Staats zu der christlichen Kirche. Das Glaubensbekenntnifs und die Verläugnung erschienen nicht mehr als einfache Beweismomente, sie stellten sich vielmehr als Willensacte dar, durch welche Einer der streitenden Mächte, es sei dem antiken Staate oder dem christlichen Tugendbündnifs Treue gelobt, der anderen dagegen offene Feindschaft erklärt wurde. Während daher der Staat durch die Folter den Abfall des Bekenners zu bewirken hoffte, sah die Kirche in dem Bekenntnifs den nächsten Schritt zum Martyrium und

---

([1]) Bynkershoek Obs. V. 23. Nec dubitabit qui repererit Ulpianum libro septimo egisse de criminibus et nominatim de maleficis, vaticinatoribus aliisque impositoribus, quorum appellatione Christianos quoque complectebatur. Ebenso Zimmern, Geschichte des röm. Privatrechts I. S. 370. Note 26. „Ueber den Inhalt des 7. Buchs de officio proconsulis siehe nämlich Coll. XV. 2." Richtiger sagte aber schon Pithou zu dieser Stelle: Hoc libro Domitius de variis criminibus tractavit atque inter cetera de iis quae ad religionem pertinent: ut mirum non sit, quod eo etiam rescripta Principum nefaria collegerat, ut doceret, quibus poenis affici oporteret qui se Dei cultores profiterentur. (Schulting Jurispr. p. 784. vgl. p. 557. not. 1. wo aber Pithous Meinung nicht genau referirt wird.)

([2]) Tertullian. ad Scapulam 2. nos — sacrilegos existimatis — et circa maiestatem imperatoris infamamur. cf. cap. 4. in fin. ad nationes 1, 17. apol. 10. itaque sacrilegii et maiestatis rei convenimur. cf. 29. 35.

([3]) Lactantius de mortibus persecutorum 15. Comprehensi presbyteri et ministri et *sine ulla probatione ad confessionem damnati.* Tertullian. apolog. 2. cur a vobis — aliter tractamur, quam — ceteri nocentes? — Christianis solis nihil permittitur loqui, quod causam purget — sed illud solum exspectatur quod odio publico necessarium est, confessio nominis, non examinatio criminis: quando si de aliquo nocente cognoscitis, non statim confesso eo

nannte die Krypta oder das Grab im Altar, in welchem sie die Gebeine ihrer Bekenner und Blutzeugen verehrte, das Martyrium oder die Confession ([1]).

Der Sieg der Kirche zertrümmerte mit dem antiken Staat zugleich seine Rechtswissenschaft und mit dieser auch Ulpians Buch vom proconsularischen Amt. Was man für die neuen Präsides der verkleinerten Provinzen noch anwendbar erachtete, wurde ausgezogen und in die Compilationen eingetragen, welche der christlichen Welt die dürftigen Bruchstücke der alten Rechtscultur gerettet haben.

Das älteste dieser Corpora ist die noch unter Constanin verfaſste

---

nomen homicidae vel sacrilegi vel incesti vel publici hostis (ut de nostris elogiis loquar) contenti sitis ad pronuntiandum, nisi et consequentia exigatis, qualitatem facti, numerum, locum, modum, tempus, conscios, socios. Ad nationes I, 2. In quo ipsi etiam contra formam indicandorum malorum iudicatis. Nam nocentes quidem perductos, si admissa negent, tormentis urgetis ad confessionem, Christianos vero sponte confessos tormentis comprimitis ad negationem. ... si de homicid*io* conf*i*t*e*atur, non statim, confesso eo nomen homicidae, dispuncta causa est aut satiata cognitio. Quamquam confessis difficile creditis: verum insuper consequentia exigitis, quoties caedem egerit, quibus in locis, quibus spoliis, sociis, receptoribus, ne quid omnino mali hominis delitescat aut desit aliquid instruendae ad sententiam veritati. Dies stimmt mit dem gemeinen Recht, wie es Ulp. lib. 8. de officio proconsulis auf Grund des Rescripts von Severus in dem Abschnitt über die Folter in L. 1. §. 17. 27. D. de quaest. (48, 18.) und Paulus sent. I, 12. 7. vortragen. Vgl. Geib de cofessionis effectu, Turici 1837 und Geschichte des Criminalprozesses S. 137. 237. 612. In der Schrift an den Proconsul Scapula 4 nimmt Tertullian dieses gemeine Recht auch für die Christen in Anspruch: Potes et officio iurisdictionis tuae fungi et *humanitatis* meminisse, vel quia et vos sub gladio estis. Quid enim amplius tibi mandatur, quam *nocentes confessos damnare, negantes autem ad tormenta revocare*? Videtis ergo, quomodo ipsi contra mandata faciatis, ut confessos negare cogatis. Adeo confitemini innocentes esse nos, quos damnare statim ex confessione non vultis. Aber der Standpunkt der Humanität war eben nicht der des antiken Staats.

([1]) In der berühmten Stelle 1. Cor. 15, 29. *ἐπεὶ τί ποιήσουσιν οἱ βαπτιζόμενοι ὑπὲρ τῶν νεκρῶν; εἰ ὅλως νεκροὶ οὐκ ἐγείρονται, τί καὶ βαπτίζονται ὑπὲρ αὐτῶν*; macht das *ὑπέρ* keine unüberwindliche Schwierigkeit. Tertullian. de praescript. heret. 46. Martyria negat esse facienda. ‚Hieronym. Vita Hilar. n. 31.' ne Pergamius sublato ad villam suam sancti corpore martyrium fabricaretur. — Cypriani ep. VI. (Sergio et Rogatiano et ceteris confessoribus) XXXVII. (Moysi et Maximo presbyteris et ceteris confessoribus fratribus) und öfter: Valent. et Marcian. L. 13. C. de sacros. eccl. (1, 2.) a. 454 ‚ecclesiae vel martyris' Leo et Anthemius L. 16. C. eodem a. 476. „quae de .. santissimarum ecclesiarum et martyriorum statu firmiter obtinebant" cf. Ducange v. confessor, confessio. n. 2. — Neander Geschichte der christl. Rel. und Kirche I. (1825) S. 166. 172.

Privatsammlung, deren Reste der Vaticanische Palimpsest Nr. 5766 bewahrt(1). Sie überliefert jedoch nur ein einziges kleines Fragment des zweiten Buches aus Ulpians Schrift und selbst dieses nicht unversehrt.

Bedeutend stärker ist die Benutzung in der sogenannten Collatio. In dieser anscheinend gegen das Ende des vierten Jahrhunderts, also noch während des Kampfes der alten und neuen Weltordnung entstandenen Vergleichung des römischen Rechts mit den alttestamentlichen Grundlagen der christlichen Rechtsauffassung wird Ulpians Rechtsbuch durch zwölf gröfsere Bruchstücke aus dem siebenten, achten und neunten Buch also aus dem strafrechtlichen Abschnitte vertreten und (was besonders wichtig und erwünscht genannt werden mufs) alle diese nicht nur unversehrten sondern auch unverfälschten Stücke erscheinen unter Titelrubriken, deren Austilgung in allen übrigen Rechtssammlungen zu den bedauernswerthesten Einbufsen gerechnet werden mufs, welche die romanistische Rechtswissenschaft überhaupt erlitten hat.

Justinians Arbeiter haben sämmtliche Schriften über das proconsularische Amt, also auch die Ulpianische in der Sabinusabtheilung excerpirt (2), weil die Spitze des proconsularischen Amts, das merum imperium, auf Bürger- und Senatsschlüsse, also auf civilrechtliche Grundlagen zurückwies (3). Sie haben 78 unmittelbare Bruchstücke und Ein mittelbares aus Modestinus (4) aufgenommen, also unvergleichlich mehr als aus der älteren Schrift des Saturninus und der gleichzeitigen des Paulus, welche, wie oben bemerkt, nur durch acht, beziehungsweise sogar nur durch fünf kleine Auszüge überliefert waren.

In Einem Citat wird Ulpians Schrift ohne Beifügung einer Buchzahl blos mit Idem libro de officio proconsulis angeführt (5). Die Stelle ist aus Ulpians sechstem Buch (6), das Citat soll also dieses Buch, nicht das ganze

---

(1) Codicis Vaticani no. 5766. in quo insunt Iuris Anteiustiniani fragmenta quae dicuntur Vaticana exemplum edidit Th. Mommsen. Berolini 1860. p. 406.

(2) Blume's Tabelle in der Zeitschrift für geschichtliche Rechtswissenschaft 4. (1820) S. 266.

(3) Papinianus L. 1. pr. § 1. D. de officio eius cui mand. (1, 21.)

(4) L. 6. §. 5. D. de excusat. (27, 1.)

(5) L. 13. D. de manum. vind. (40, 2.)

(6) Dieses ergiebt der Zusammenhang mit L. 11. D. de manum. vind. (40, 2.), von der sie nur durch Einschiebung eines andern Ulpianischen Fragments getrennt ist.

Werk bezeichnen und nur durch ein Versehen ist sexto ausgefallen: ob dieses Versehen den Compilatoren oder erst dem Schreiber der Florentina zur Last fällt, steht freilich dahin, nur das ist gewifs, dafs die Ziffer in keiner andern Handschrift supplirt wird: ein neuer Beweis, dafs die Florentina im letzten Abschnitt der Pandekten alleinige Quelle unserer Überlieferung ist.

Dafs in allen drei Rechtssammlungen kein christenfèindliches Rescript mehr Aufnahme fand versteht sich freilich von selbst. Wie viele andere Verhältnisse aber in der ursprünglichen Schrift berührt waren, von welchen in die Corpora keine Spur übergegangen ist, ergeben erst unsere lexicalischen Auszüge aus dem Liber de officio proconsulis, deren Herkunft aus einem unzertrümmerten Ulpian, so weit sie nicht schon nach dem Bisherigen zu vermuthen ist, durch eine nähere Darlegung des merkwürdigen Inhalts der Pariser Fragmente vollständig bestätigt wird.

## IV.

Die erste Glosse A ramulariis wufste Cujas nicht zu erklären, er änderte sie in rabulariis und brachte dieses Wort mit der Suspension der Rechtsbeistände wegen Amtsvergehen in Verbindung. Die Übersetzung *ἀπὸ τῶν ἀντεπιτρόπων* bezieht er auf Substituten, aber nicht der Vormünder, sondern der Procuratoren (1). Nun findet sich zwar ramularius unmittelbar nicht vor, wohl aber ramuscularius, welches Wort von ramusculus eben so regelmäfsig abgeleitet ist, wie jenes von ramulus. Ramuscularius aber ist nach einem Amplonianischen Glossar aus dem neunten Jahrhundert (2)

(1) Cuiacii observatt. 10, 34. A rabulariis (sic enim malo quam ramulariis) *ἀπὸ τῶν ἀντεπιτρόπων*, Ab iis qui in foro vicem procuratorum obtinent, quos forsitan *L. mortis D. de poenis* iunxerat Ulpianus advocatis, tabellionibus, pragmaticis, his omnibus personis foro interdici solere demonstrans.

(2) Oehler in Jahn's Archiv XIII, (1847) pag. 372, 117. In demselben Sinne braucht Augustinus de civitate Dei 7, 4. den Ausdruck minuscularii, wenn er sagt: Ridemus, cum Deos videmus partitis inter se operibus distributos tamquam minuscularios vectigalium conductores. In anderer Bedeutung erscheint dieses Wort in L. 3. C. Th. de indulg. debitorum (11, 28.) quae penes minuscularios, quae penes curiales debita, quae etiam in defectis domibus habeantur: his enim praecipue consulendum est, qui iusto remedio indigent. Hier sind Untereinnehmer gemeint, die den Pachtern (conductores portuum et vectigalium) entgegen gesetzt werden. — Noch anders wird in L. 1. C. de defensorib. civit. (1, 55.) der Begriff tenuiores et minusculariae res bestimmt, es sind unbedeutende Rechtsachen unter 500 solidi an Werth.

deren Einer, qui ramulum unum tene*n*t id est qui conducunt a *f*isco et tenent quasi portiuncul*a*m qu*an*dam ipsius teloni. Danach wären also ramuscularii und ramularii Zweig- oder Theilpächter im Gegensatz der Generalpächter, die vom Fiscus das Recht eine Abgabe beizutreiben durch einen gemeinsamen Agenten im Ganzen erstehen. Daſs der Grammatiker sie mit den Unterpächtern der Mancipes verwechselt und für Unteraufseher (minuscularii im Sinne des Theodosischen Codex) nimmt, hat er selber zu verantworten, denn an sich ist der Unterschied zwischen Sublocation und unmittelbarer Theilpacht nicht nur einleuchtend, sondern auch aus Hygin's Bedingungen der Landüberlassungen (Hygini de condicionibus agrorum 116, 20. f.) bekannt genug, der ferner liegenden Attributionen der Patrizier (Festus. v. patres p. 246 M.) nicht zu gedenken. Ulpian wird die ramularii im zweiten Buch bei Gelegenheit des procurator principis erwähnt haben, zu dessen Competenz die Beitreibung der Pachtsumme von den Pachtern (a ramulariis) gerechnet wurde, in die sich daher der Proconsul besser nicht einmischte.

Ad subrigenda erklärt Cujas durch corrigenda und ergänzt dazu delicta. Allein die Erklärung εἰς ὑπόρθωσιν τιμωρίας deutet auf die Unterstützung der Folter. Unmittelbar vor dem oben erwähnten Angriff auf das siebente Buch des Ulpian stellt Lactantius ([1]) das Verfahren gegen die Christen als einen Wettkampf zwischen den Proconsuln und ihren Gefangenen dar, in welchem die Folter nur gebraucht werde um Recht zu behalten und die einzige Sorge sei, daſs die Gefolterten ihr nicht erliegen um zu ihrer Wiederholung aufbehalten zu werden: und das sagt er sei die Lehre der herrschenden Religion, ja des geltenden Rechts und seiner berühmtesten Lehrer namentlich des Ulpian. Itaque in excogitandis poenarum generibus, heiſst es wörtlich, nihil aliud, quam victoriam cogitant. Sciunt enim, certamen esse illud et pugnam. Vidi ego in Bithynia praesidem gaudio mirabiliter elatum, ... quod unus, qui per biennium magna virtute restiterat, postremo cedere visus esset. Contendunt igitur, ut vincant, et exquisitos dolores corporibus immittunt et nihil aliud devitant, quam ut ne torti moriantur .... iubent curam tortis diligenter adhiberi, ut ad alios cruciatus membra renoventur et reparetur novus sanguis ad poenam ... Haec est

([1]) Lactantius div. inst. 5, 11. Aehnlich Hieronymi vita Hilar. n. 43. Et iam membra solidata ad standum hominem subrigebant.

Deorum disciplina, ad haec opera cultores suos erudiunt, haec sacra desiderant: quin etiam sceleratissimi homines contra pios iura impia condiderunt. Folgen die oben mitgetheilten Auslassungen über die Rescripte wider die Christen bei Ulpian. Gleichwohl ist es nicht wahrscheinlich, dafs er nur in dieser besonderen Anwendung die Fortsetzung oder Verschärfung der Folter erwähnt haben sollte und noch viel weniger ist dies in den Worten des Lactantius enthalten: denn dieser führt die Praxis der Proconsuln in der Handhabung der Tortur überall nicht auf Ulpian zurück. Die im Glossar ausgezogenen Worte werden daher entweder im achten Buch bei der Folter überhaupt oder im neunten bei der Strafen gestanden haben. In dem letztern Titel sagt Ulpian: der Proconsul dürfe niemals auf Todesstrafe durch die Folter erkennen, obgleich diese sehr häufig den Tod zur Folge habe: nec ea quidem poena damnari quem oportet, ut verberibus necetur, vel virgis interematur, nec tormentis: quamvis plerique, dum torquentur, deficere solent ([1]). An eine dieser Stellen mufs sich die Bemerkung über die nöthige Vorsicht bei Aufrechthaltung der Folter angeschlossen haben. Zu ad subrigenda wird also membra oder tormenta hinzuzudenken sein ([2]).

Aliquo setius, *ποσῶς νωχελέστερον*, um Einiges weniger, hat nur im Gegensatz zu nihilo secius ein sprachliches Interesse.

Desto merkwürdiger, aber auch sachlich um so schwieriger ist die folgende Glosse Arbares scodales *οἱ περὶ ὅρων διαγινώσκοντες δικασταί.* Die richtige Lesung arvales sodales giebt schon Cujas, allein seine Erklärung der griechischen Version, dafs die religiöse Weihe der Termini nach altrömischem Recht eine priesterliche Entscheidung der Grenzirrungen voraus setze ([3]) genügt so wenig als Russards von Tournebout gepriesener Einfall: die Grenz-

---

([1]) Ulp. 9. L. 8. §. 3. D. de poenis. (48, 19.)

([2]) Anders Cuiacius obss. 10, 34. *Ad subrigenda εἰς ὑπόρθωσιν τιμωρίας* quis etiam non videt ad ius civile pertinere. Scripserat forsitan Ulpianus *Ad subrigenda delicta.* Subriguntur corriguntur emendantur poenis propositis, velut Augustinus loquitur contra epistolam Parmeniani: ‚*rei subriguntur ad bestias*'. Allein Cujas übersieht, dafs bei Augustinus nicht die Folter oder Strafe als Subject gedacht ist, sondern das Wort rei, mithin Subriguntur ad bestias bei ihm nur condemnantur und diriguntur bedeuten kann.

([3]) Cuiacius obss. 10, 34. His (Bellonariis) adiunguntur Arvales sodales (sic primus docui legendum) *οἱ περὶ ὅρων διαγινώσκοντες δικασταί* ut glossae interpretantur ex eisdem libris De officio proconsulis. Sacri erant termini: idcirco recte terminorum finiumque iurgiis finiendis sacerdotes interveniunt fratres arvales.

richter seien zu Ulpians Zeit mit einem von der Arvalbruderschaft entlehnten Namen arvales sodales benannt worden ([1]). Die Arvalbrüder sind bekannter Maſsen vor Allem eine so durchaus locale römische Institution, daſs eine provinzielle Competenz schon hiedurch ausgeschlossen sein würde. Es genügt, an die vielfachen Zeugnisse über ihre Sacra zu erinnern. Ihr Heiligthum lag an der alten Via Campana, welche am rechten Tiberufer durch das Vorland der sieben pagi zum Hafen führte ([2]), der Ort Festi, an welchem nach Strabo Ambarval- oder Amburbialopfer dargebracht wurden, fiel in die Grenze des einstmaligen römischen Stadtgebiets, die übrigen zahlreichen Opferstätten, deren derselbe Schriftsteller gedenkt, gehörten der nämlichen Oertlichkeit an([3]), selbst noch das Amburbium und die Ambarvalien, durch welche Aurelian in Ermangelung einer Mauer einstweilen die Marcomannen zu schrecken meinte, bezog sich auf die bedrohte Stadt ([4]). Nirgend auſser dem römischen Gebiet findet sich die gleiche öffentliche Institution, es blieb vielmehr dem römischen Grundherrn überlassen, nach Cato's Beispiel die ländliche Hagelfeier auf eigene Hand in seiner auswärtigen Besitzung abzuhalten ([5]). —

---

([1]) Turnebi adversaria 21, 1. Erant et Judices, qui de agrorum finibus cognoscebant mutuatitio nomine de fratrum arvalium vocabulo *arvales sodales* appellati: quod ita in antiquo lexico scribitur *Arbares scodales* οἱ περὶ ὅρων διαγινώσκοντες δικασαί. Sed cum ista Sphinx aenigmata sic balbutiret, ut intelligi non posset, exstitit Ludovicus Ruscardus Iurisconsultorum elegantissimus qui istam eius infantiam et balbutiem perciperet et mihi indicaret. Vielleicht ist jedoch hier nur die Correctur, nicht die Erläuterung gemeint.

([2]) Marini, Atti Tav. XLIII n. 3, 13. Fratres Arvales in Luco Deae Diae Via Campana apud lapidem V convenerunt. Becker-Marquardt Handbuch 4, S. 413.

([3]) Strabo V, 3, 2. μεταξὺ γοῦν τοῦ πέμπτου καὶ τοῦ ἕκτου λίθου τῶν τὰ μίλια διασημαινόντων τῆς Ῥώμης καλεῖται τόπος Φῆστοι· τοῦτον δ' ὅριον ἀποφαίνουσι τῆς τότε Ῥωμαίων γῆς, οἵ θ' ἱερομνήμονες θυσίαν ἐπιτελοῦσιν ἐνταῦθά τε καὶ ἐν ἄλλοις τόποις πλείοσιν ὡς ὁρίοις αὐθημερόν ἣν καλοῦσιν Ἀμβαρουΐαν. Ob dies in Αμβουρβίαν geändert werden muſs ist eine Streitfrage, welche für den vorliegenden Zweck auf sich beruhen kann: Becker-Marquardt S. 417. Mommsen, Tribus S. 17.

([4]) Vopisc. Aurelian. 20. lustrata urbs, cantata carmina, amburbium celebratum, ambarvalia promissa.

([5]) Cato de re rust. c. 141. Agrum lustrare sic oportet. Impera suovetaurilia circumagi .. Ianum Iovemque vino praefamino sic dicito: Mars pater te precor quaesoque uti sies volens propitius mihi domo familiaeque nostrae, quoius rei ergo agrum terram fundumque meum suovetaurilia circumagi iussi. uti tu morbos visos invisosque, viduertatem vastitudinemque, calamitates intemperiasque prohibessis defendas averruncesque utique tu fruges frumenta vineta virgultaque grandire beneque evenire sinas, pastores pecuaque salva ser-

Zweitens fehlt den römischen Ackerbrüdern jede Art von Gerichtsbarkeit über Grenzfrevel und Grenzstreitigkeiten. Ueber ihre Thätigkeit liegen in dem Protokoll betreffend die Hagelfeier vom 29. Mai 218 ([1]), in Gleichem im Protokoll über die Cooptation des Kaisers Marcus Aurelius Antoninus Pius Felix, also Heliogabals, in das uralte und vornehme Collegium ([2]) Berichte vor, welche mit Ulpians Schrift gleichzeitig sind. Darin erscheint von einer richterlichen Thätigkeit nicht die leiseste Spur: die ganze Thätigkeit erschöpft sich in liturgischen Handlungen und trägt mithin einen durchweg priesterlichen Character. Sie bestehn in Gelübden und Dankopfern, anfänglich für das Gedeihen der Früchte ([3]), in späterer Zeit für den Kaiser und sein Haus, in Gebeten ([4]), Prozessionen ([5]) und ähnlichen gottesdienstlichen Cärimonien. Dagegen ist die Gerichtsbarkeit in Grenzsachen ganz andern Organen überwiesen. Die Strafgerichtsbarkeit über Grenzverrückung steht nach dem Rescript Hadrians vom 16. August 140 dem Proconsul persönlich zu ([6]). Civilstreitigkeiten unter verschiedenen Gemeinden

---

vassis duisque bonam salutem valetudinemque mihi domo familiaeque nostrae. Harumce rerum ergo fundi terrae agrique mei lustrandi lustrique faciendi ergo sicuti dixi macte hisce suovetaurilibus immolandis esto. ... Ubi porcum immolabis agnum vitulumque sic oportet: eiusque rei ergo macte hisce suovetaurilibus immolandis esto. ... Si minus in omnes litabit sic verba concipito Mars pater si quid tibi in illisce suovetaurilibus lactentibus neque satis factum est, te hisce suovetaurilibus piaculo. Si uno duobusve dubitaverit sic verba concipito: Mars pater quod tibi illuc porco neque satisfactum est te hoc porco piaculo. Es ist ein förmlicher Contract do ut facias nach dem Zwölftafelgesetz uti legassit suae rei ita ius esto. Aehnlich lauten die Gebetsformeln im Anfang der Bestellung und der Aernte an den Jupiter dapalis, Vesta, Ianus, Ceres im cap. 131. 132. 134. Trebatius bei Arnobius adv. gentes 7. c. 31. — Aus späterer Zeit bezeugen diese Gebräuche Horat. Epod. 10, 23. immolabitur agna tempestatibus. Virgil. Georg. I, 338—347. Servius zu Georg. I, 345 und Eclog. 3, 77. Tibull. I. 1, v. 11—25.

(1) Marini, Atti Tav. XLI. Orelli-Henzen. n. 2270—5054.

(2) Marini, Atti Tav. XLI*b* Orelli n. 2268.

(3) Varro de ling. 5, 85. Fratres arvales dicti sunt qui sacra publica faciunt propterea ut fruges ferant arva, a ferendo et arvis fratres arvales dicti. Sunt qui a fratria dixerunt; fratria est Graecum vocabulum partis hominum ut Nepaoli etiam nunc. Macrob. Sat. 3, 5, 7. und Paulus Diac. p. 5. Müller, beide aus Festus v. Ambarvalis hostia.

(4) Carmen arvale: C. I. L. n. 28. und über lues und rues: L. 3. C. de locato (4, 64) L. 3. C. Th. de maleficis (9, 16.)

(5) Vopisc. in Aureliano 18. 19. 20. 21. 39. Becker Topographie S. 187.

(6) Collatio 13, 1. 2. Callistratus lib. 3. de cognitionibus L. 2. D. de termino moto (47, 21.) Paul. 5, 22. §. 2. Alexander L. 1. C. de accusat. (9, 2.)

seiner Provinz, deren Entscheidung von Rechtsfragen abhängt, mag er, wenn er nicht vom Kaiser ausdrücklich mit persönlicher Entscheidung derselben beauftragt ist (1), dem Landtage überweisen, also durch einen Judex entscheiden lassen (2). Kommt es hingegen auf technische Fragen an, so mufs er einen Geometer zuziehen (3). Innerhalb der einzelnen Gemeinden gehören die Grenzirrungen, selbst die Popularklagen wegen Grenzverrückung nach den Stiftungsbriefen und Gemeindeordnungen zur städtischen Bagatelljurisdiction und können, je nachdem eine Rechtsfrage oder eine technische mafsgebend ist, von einem städtischen Geschworenen oder Feldmesser entschieden werden (4). — In keinem Falle haben demnach die Agrimensoren mit den römischen Arvalen auch nur die entfernteste Aehnlichkeit. Am allerwenigsten bilden sie eine Sodalität: denn die spanischen Agrimensorencollegien im Dienst der Ceres frugifera auf einer angeblich in den Altarstufen des Nonnenklosters zu Carmona begrabenen Inschrift haben sich als eine Trigueros'sche Fälschung ergeben (5). Vielmehr erscheinen als Grenzrichter (arbitri) seit

(1) Wann eine Specialcommission anzunehmen sei ist freilich eine Thatfrage: Callistratus L. 9. D. de officio praesidis 1, 18. Beispiele geben die Inschriften bei Orelli n. 3671 und besonders 7420 e a Q. Gellio Sentio Angurino procons(ule). Decreta ex tabellis recitata Kalendis Martis. Cum optimus maximusque princeps Traianus Hadrianus Aug(ustus) scripserit mihi, uti adhibitis mensoribus de controversiis finium inter Lamienses et Hypataeos cognita causa | terminarem egoque in rem praesentem saepius et continuis diebus | fuerim cognoverimque praesentibus utriusque civitatis defensoribus | adhibito a me Julio Victore evocato Augusti mensore placet u. s. w.

(2) Frontinus p. 43. Lachm. solent quidam per imprudentiam mensores arbitros conscribere (durch schriftliches Compromifs zu Schiedsmännern erwählen) aut sortiri iudices finium regundorum causa quando in re praesenti plus quidem quam de fine regundo agatur. sic fit, ut post sententia irrita sit rescindique possit quod aut iudex aut arbiter pronuntiaverit. p. 44. formula ex iure Quiritium peti debet proprietas loci.

(3) Ulp. lib. 6. Opinionum L. 8. §. 1. D. finium regundorum (10, 1.) Ad officium de finibus cognoscentis pertinet mensores mittere et per eos dirimere ipsam finium quaestionem ut aequum est, si ita res exigit, oculisque suis subiectis locis cf. Modestin. L. 7. D. eodem. De modo agrorum arbitri dantur.

(4) Lex Mamilia Roscia Peducaea Alliena Fabia c. 5. (Gromatici vet. ed. Lachm. p. 264. = L. 3. pr. §. 1. D. de termino moto (47, 21.) Schriften der Feldmesser von Blume, Lachmann, Mommsen und Rudorff. 2. S. 244 f.

(5) Monatsberichte der Akademie vom 10. Januar 1861. S. 100—102. D. Emil Hübner Inschriften von Carmona Trigueros und Franco zwei spanische Inschriftensammler. (Rhein. Mus. für Philologie Bd. XVII.)

der Lex Mamilia und als Feldmesser im Dienst des Staats oder der Stadtgemeinden immer nur Einzelne, namentlich Militärs höherer oder niederer Grade bis zu den Gemeinen herunter (¹). Ja es begegnen Sclaven, nament lich Stadtknechte, als Mensoren sowohl im Edict (²), wie auf Inschriften (³) und der auf einem Centurialstein bei der neuen spanischen Colonie la nueva Carteya 1840 entdeckte Quintus Julius Publii filius Galeria Rufus agrimensor Siccaenas (⁴) ist ohne Zweifel auch nur Nachkomme eines Freigelassenen. Alle diese Personen würden zur Aufnahme in die hochadlige und hochkirchliche Fratria der Arvalen, welche in Mitten der Pracht und des Luxus der kaiserlichen Weltstadt die ländliche Einfachheit, Eintracht und Frömmigkeit der Urzeit, den Segen der friedlichen Beschäftigung des Landbaus darstellen sollte, wenig geeignet gewesen sein. Die Poesie im Cult der Arvalen, das Arvallied, die Hagelfeier, die Verehrung des Brunnens, des häuslichen Heerdes, der segenspendenden Dea Dia, endlich die Aerntekränze und Austheilungen des Aerntesegens, bei welchen die Linke nicht wissen darf was die Rechte thut (⁵) passen mit den prosaischen Functionen der Feldmesser,

(¹) Liber coloniarum (Gromatici vett. ed. Lachmann p. 251.). Danach Orelli n. 3225. (In membranis veteris agrimensoris Balbi). Ex auctoritate imperatoris Aeli Hadriani Antonini Aug(usti) Pii P(atris) P(atriae) sente(n)tia dicta p(er) Tusceniu(m) Felicem p. p. II., (praepositum oder primipilarem? bis) determinante Blesio Taurino mil(ite) coh(ortis) VI pr(aetoriae) mesore agrario t(e)r(ritorii) Ardeat(i)n(i). Orelli-Henzen 6618 hanc viam derectam per Atium centurion(em) post sententiam dictam ab A(ulo) Plautio legato Ti(berii) Claudi Caesaris Aug(usti) Germ(anici) et postea translatam a Rundictibus in fines C(ai) Laecani Bassi restituit iussu Ti(berii) Claudi Caesaris Aug(usti) Germ(anici) imperatoris. L(ucius) Rufellius Severus primipilaris. Orelli-Henzen n. 7420. e *a* (Note 140.) Unbestimmt n. 1031. 4570.

(²) Ulp. 24. ad. edictum L. 3. §. 6. D. si mensor (11, 6.)

(³) In Luceria kommt ein Felix servus publicus mensor, in Sipontum ein Augurinus servus publicus verna mensor vor, ob als agrarius? steht freilich nicht fest. Orelli-Henzen n. 6267. 6667. In Rom ein unter Vespasian freigelassener C. Iulius Hermes mensor Orell. 3097.

(⁴) Monatsbericht der Akademie vom 10. Januar 1861. S. 79.

(⁵) Marini Atti Tav. XLI*a* (Orelli 2270. 5054.) v. 6. prima [*luce ture et vino fecerunt*] et fruges arid(as) et virid(es) contiger(unt) et panes laureatos — v. 14. in mantelis [*frum*]-enta r(ur)s(us) contigerunt v. 27. et duo ad fruges petendas cum publico desciderunt et reversi dextra dederunt laeva receperunt, deinde abalterutrum sibi redd(iderunt) et public(is) frug(es) tradider(unt) Vgl. Evang. Matth. 6., 3. 4. *σοῦ δὲ ποιοῦντος ἐλεημοσύνην μὴ γνώτω ἡ ἀριστερά σου τι ποιεῖ ἡ δεξιά σου ὅπως ᾖ σου ἡ ἐλεημοσύνη ἐν τῷ κρύπτῷ. καὶ ὁ πατήρ σου ὁ βλέπων ἐν τῷ κρυπτῷ ἀποδώσει σοι.*

der Absteckung der Wege und Centurien, der Setzung und Ermittlung der Grenzsteine schlechterdings nicht zusammen und keinem Juristen wäre jemals eingefallen zu behaupten, dafs die Stellung eines römischen Feldmessers durch Exil und Gefangenschaft nicht berührt werde, wie es Plinius in seinen Quellen von dem Priesterthum der Arvalbrüder bezeugt fand. Wenn also das Glossar den Arvalen ein Richteramt beilegt, so beruht dies nur auf der mangelhaften Rechtskenntnifs des Interpreten. Im lateinischen Text kann davon nichts gestanden haben. Vielmehr werden die Arvalen bei Ulpian, wie schon früher bei Sabinus (1), als eine uralte Bruderschaft dargestellt sein, auf welche weder die Gesetze gegen verbotene Verbindungen, noch die Gesetze gegen Zauberei Anwendung leiden, so dafs die Glosse entweder aus dem Titel de collegiis im sechsten Buch oder aus dem Titel de vaticinatoribus et mathematicis im siebenten Buch entnommen sein wird. Für letztere Stellung scheint eine Verordnung Constantins einzutreten, welche am 21. Juni 321 zu Aquileia erlassen wurde, im Theodosischen Codex unter dem Titel de maleficis et mathematicis et ceteris similibus (9, 16.) eingetragen ist und wörtlich so lautet: Eorum est scientia punienda ... qui magicis accincti artibus aut contra moliti hominum salutem aut pudicos ad libidinem deflexisse animos detegentur. Nullis vero criminationibus implicanda sunt remedia humanis quaesita corporibus aut in agrestibus locis, ne maturis vindemiis metuerentur imbres aut ruentis grandinis lapidatione quaterentur, innocenter adhibita suffragia, quibus non cuiusque salus aut existimatio laederetur, sed quorum proficerent actus, ne divina munera et labores hominum sternerentur (2). Die west-

(1) Sabinus Masurius in primo memorialium bei Gellius noct. Att. 7. (6.) c. 7. 8. Ea mulier (Acca Larentia) ex duodecim filiis maribus unum morte amisit. In illius locum Romulus Accae sese filium dedit seque et ceteros eius filios ‚fratres arvales' appellavit. Ex eo tempore collegium mansit fratrum arualium numero duodecim. Plin. nat. hist. XVIII, 2. Arvorum sacerdotes Romulus in primis instituit seque duodecumum fratem appellavit inter illos Acca Larentia nutrice sua genitos, spicea corona quae vitta alba conligaretur sacerdotio ei pro religiosissimo insigni data, quae prima apud Romanos fuit corona; honosque his non nisi vita finitur et exsules etiam captosque comitatur.

(2) L. 3. C. Theod. de maleficis et mathematicis (91, 16.) = L. 4. C. Iust. eodem tit. Das hohe Alter dieser Vorstellungen ergiebt sich aus dem bekannten Zwölftafelgesetz Seneca nat. quaest. 4, 7. Et apud nos XII tabulis cavetur, ne quis alienos fructus incantasset. Rudis adhuc antiquitas credebat et attrahi imbres cantibus et repelli. Auf die

gothische Glosse bemerkt dazu: Malefici vel incantatores vel immissores tempestatum vel ii qui per invocationem daemonum mentes hominum turbant, omni poenarum genere puniantur. Hier werden also die Besprechungen zur Heilung von Krankheiten und die Gesänge zur Abwendung des Hagelwetters als unschädliche Gebräuche noch geduldet. Die Constitution ist zwar nicht an den Stadtpräfecten gerichtet und der Arvalen wird nicht ausdrücklich gedacht, allein die ruentis grandinis lapidatio erinnert gleichwohl an die rues (*πτῶσις*) im Arvalliede (¹). — Es verdient übrigens bemerkt zu werden, dafs schon Brisson in seinem Lexicon unter Arbiter die Richter im Grenzstreit von den Arvalbrüdern scharf und richtig unterschieden hatte, während Heineccius in seiner Ausgabe des Brissonschen Wörterbuchs die Verwirrung mit grofser Sorgfalt wieder herstellt (²). — Geringeres Bedenken als die griechische Auslegung erregt Ulpians eigene Bezeichnung der arvalischen Brüderschaft durch arvales sodales. Der Amtstitel ist freilich fratres arvales und Varro setzt ihnen die sodales Titii entgegen. Allein dafs die Verbindung eine engere Verbrüderung darstellt, wie sie die friedliche Natur des Landbaus mit sich bringt, schliefst nicht aus, dafs sie nicht zugleich unter den weitern Begriff der Hetärie fiele, denn schon

---

Toleranz der christlichen Kaiser könnte die evangelische Erzählung eingewirkt haben, *κατὰ Μάρκον* 4, 39. *καὶ διεγερθεὶς ἐπετίμησεν τῷ ἀνέμῳ καὶ εἶπεν τῇ θαλάσσῃ Σιώπα, πεφίμωσο. καὶ ἐκόπασεν ὁ ἄνεμος, καὶ ἐγένετο γαλήνη μεγάλη.*

(¹) Die Constitution vom Jahre 396, durch welche Arcadius und Honorius den hierophantis agrorum ihre Privilegien entziehen (L. 14. C. Theod. de paganis, sacrificiis et templis 16, 4.) hat man auf die Arvalen beziehen wollen. Aber der Zusammenhang fordert eine allgemeinere Bestimmung und Godefroi's Vorschlag sacrorum trifft sicher das Richtige.

(²) Brissonius de verb. sign. v. Arbiter. Ad hos utique finium regundorum ARBITROS vetus Glossarium respexit in illo corrupto loco, in quo est ARBARES SCODATES lib. de offic. Procons. *οἱ περὶ ὅρων διαγνώσαντες δικασαί.* Arbares scodates in libro I. de officio Procons. sunt iudices de finibus cognoscentes. Nam quod aliquibus in mentem venire posset, illic ARVALES SODALES reponendum frustra est, propterea quod arvales illi XII fratres nihil cum finalibus iurgiis commune habebant. Tantum pro frugibus sacra publica faciebant, ut fruges ferrent arva et a ferendo et arvis ARVALES dicebantur quemadmodum Varro libro IV de lingua latina scribit. Heineccius bemerkt hierzu: Immo vero ARBARES SODATES in glossario isto manifesto sunt ARVALES SCODALES. Illos vero finales diremisse controversias ostendemus paulo inferius in ARVALES FRATRES. Die einzigen Beweise, die er in diesem Artikel beibringt, bestehen jedoch in der Berufung auf Cuiacii observat. 10, 34. (Note 128) und die Analogie der Pontifical- und Fecialjurisdiction.

Gaius bezeichnet in seinem Commentar zu den zwölf Tafeln die Mitglieder aller möglichen erlaubten Collegien, auch der Fratrien, als Sodalen (L. 4. D. de colleg. 47, 22.). Gleichwohl ist der ungebräuchliche Ausdruck dem Lexicographen aufgefallen und seine Uebersetzung zeigt, dafs er dahinter etwas ganz anderes sucht als die altrömischen Arvalbrüder. Dieser Umstand führt auf einen möglichen Ausweg, bei welchem wenigstens die griechische Uebersetzung nicht so gänzlich verfehlt erscheinen würde, wie dieses nach dem Bisherigen angenommen werden müfste.

Bekanntlich bildeten nämlich die ländlichen Gränznachbaren seit ältester Zeit sacrale, durch den Terminusdienst geheiligte Verbände (sodalitia), und auch die arbitri finium regundorum wurden aus ihnen entnommen. (Rudorff gromat. Institutionen, Feldmesser 2, S. 237 f. 428 f.) Dürfte man nun annehmen, dafs Ulpian diese localen Einrichtungen beschrieben hätte, so würden alle Schwierigkeiten völlig gelöst sein. Es wäre erklärt wie diese von den römischen Arvalbrüdern so sehr verschiedenen Genossen in den Provinzen vorkommen, dafs sie ländliche Sodalen heifsen konnten und dafs ihnen als Feldgeschworenen die Cognition über Grenzsteine zugeschrieben werden durfte, welche der Lexicograph dann schon bei Ulpian selbst gefunden haben würde.

Dagegen ist es ein Versehen, wenn Brisson die Glosse Atriensis *διαιτάριος, διαιτάρχης* aus dem Glossar von Saint Germain anführt, den Zusatz Liber de officio proconsulis hingegen einem andern alten lateinischen Glossar zuschreibt, welches Atriarii oder Atrienses durch custodes atrii erläutere ([1]), denn Cujas führt jenen Zusatz ausdrücklich auf das von Pierre Daniel ihm selbst und Tournebout mitgetheilte Glossar zurück ([2]). Der Hüter des Atrium, der Atritumus oder Atriensis nimmt unter der städtischen Diener-

---

([1]) Brissonius de verb. sign. v. Atrienses. In lexico autem aedis B. Germani ita scriptum offendi: ATRIENSIS *διαιτάριος διαιτάρχης* et in lib. de offic. procons. hanc significationem reperiri adnotat aliud vetus glossarium Latinum. ATRIARII seu ATRIENSES sunt custodes atrii. Vielleicht ist jedoch hinter adnotat zu interpungiren.

([2]) Cuiacii obss. 10, 34. Idem vero videntur esse atrienses et diaetarii. Nam veteres glossae quae a doctissimo Turnebo ad me pervenerunt, beneficio eiusdem Danielis a quo Turnebus acceperat, ut idem in Adversariis suis retulit, ex libris De officio proconsulis atrienses interpretantur esse diaetarios et diaetarchas.

schaft eines römischen Hauses einen höheren Posten ein (1) als der Atriarius (2), Diaetarius oder Zetarius (3), welcher ihm untergeordnet, bezüglich für andere Theile des Hauses bestellt ist. Die Übersetzung durch διαιτάρχης (4) pafst daher noch eher, als διαιτάριος, obwohl auch sie nicht genau ist, da δίαιτα dem römischen Atrium nicht entspricht, wie dieses ja dem griechischen Hause überhaupt fremd ist. Ohne Zweifel hatte Ulpian von dem Atriensis des Proconsuls gesprochen und dabei bemerkt, dafs dieser zum persönlichen Dienst bestimmte Domestik gleich dem stator aus dem Militär der Provinz zu nehmen sei. In diesem Sinne dürfte der Atriensis vielleicht schon im ersten Buch erwähnt worden sein (5).

Die Erwähnung der Bellonarii οἱ θεοφορούμενοι befremdet in einer Schrift über das Amt des Proconsuls nicht minder, wie die der Arvalen. Zwar kommen Dedicationen zu Ehren der Bellona urkundlich auch aufser der Stadt, sowohl in Italien als in den Provinzen vor: z. B. zu Corfinium (6), zu Old Karlisle in Britannien (7), zu Mattiacum (Kassel bei Mainz), wo

(1) Plautus, Asin. 2, 264. 352; Pseudol. 2, 608. 609. Varro de ling. lat. 8, 61. Cicero, Parad. 5, 2; in Pison. 67, 27. Phaedrus 2, 5. Sueton. Calig. 57. Columella 12, 3. 9. Plin. Ep. 3, 19. Petron. sat. 29. Serv. ad Virgil. Aen. 1, 733. 9, 648. — Alfenus Varus L. 203. D. de verb. sign. (50, 16.) Ulp. L. 8. §. 1. D. de instructo leg. (33, 7.) L. 15. §. 1. D. de usufructu (7, 1.) — Orelli n. 2784. 2891. 2966. 6285. 6303. 6645. —

(2) Ulp. 14. ad Edictum L. 1. §. 5. D. nautae (4, 9.) Caupones — et stabularios — eos accipiemus qui cauponam vel stabulum exercent institoresve eorum. Ceterum si qui opera mediastini fungitur, non continetur utputa atriarii et focarii et his similes. Epigraphisch begegnet daher atriarius seltener als atriensis, doch steht ATRIaRI im antiatischen Kalender eines Sclavencollegiums a 804. Mommsen C. I. L. p. 327. = Orelli. Henzen n. 6445. Ab atrio? Mommsen I. N. 6864. = Orelli 5844.

(3) Paul. 3, 6. 58. Ulp. L. 1. §. 3. D. nautae (4, 9.) L. 12. §. 42. D. de instructo leg. (33, 7.)

(4) Ein Diaetarchus domus Aug(ustae) Caesaris ser(vus) Orelli n. 2912. und ein diaetarcha Caes(aris) n(ostri) servos 2, 93 kommen auf römischen Inschriften vor, beide nur im kaiserlichen Palast.

(5) Ulp. 1. L. 4. §. 1. D. de officio proconsulis (1, 16.) vgl. L. 4. 6. C. de assessoribus domesticis et cancellariis Iudicum (1, 51.) L. 1. C. de apparitoribus proconsulis et legati (12, 56.)

(6) Orelli n. 1903. Acca L(ucii) f(ilia) prima ministra matris magnae . . . Bellonam refecit.

(7) Orelli-Henzen n. 5675. Deae Bellonae Rufinus prae(fectus) eq(uitum) alae Aug(ustae) et Lainianus fil(ius).

die hastiferi civitatis Mattiacorum nach einer 1809 gefundenen Inschrift aus der Regierung des Maximinus Thrax am 23. August 236 zu Ehren der Dea Virtus Bellona den dortigen vor Alter zerfallenen Vaticanischen Berg herstellen lassen (1). Aber nur in Rom bestand ein öffentlicher Cult mit einem nach Livius von Appius Claudius Caecus 456 in der Schlacht gegen die Etrusker gelobten, nach Plinius schon von Appius Claudius Regillensis 259. mit seinen Ahnenbildern geschmückten, also vielleicht von Appius Claudius dem Blinden 456 und 459 der Stadt nur erneuertem Tempel am Circus (2), einem Heiligthum der Bellona Pulvinensis und Rufilia (vielleicht von den Rufuli gewidmet) mit Circusspielen am 3. Juni, mit Cistophoren und einer Bruderschaft (3). Cujas muthmaſste: Ulpian habe die Bellonarier im siebenten Buch als eine erlaubte Secte den Christen entgegen gesetzt (4). Ungleich näher aber liegt der Gegensatz gegen die im Titel de mathematicis et vatici-

(1) Orelli n. 4983. In h(onorem) d(eorum) d(earum) deae Virtuti Bellonae montem Vaticanum vetustate conlapsum restituerun(t) hastiferi civitatis Mattiacorum X. Kal(endas) Sep(tembres) imp(eratore) J(ulio) Maximino Aug(usto) et Africano co(n)s(ule) II, quorum nomina i(nfra) s(crip)ta sunt.

(2) Livius 10, 19. Dicitur Appius in medio pugnae discrimine — ita precatus esse: Bellona si hodie nobis victoriam dabis, ast ego templum tibi voveo. Plin. 35, 3, 3. Suorum vero clypeos in sacro vel publico dicare privatim primus instituit, ut reperio, Appius Claudius, qui consul cum Servilio fuit anno urbis CCLIX. Posuit enim in Bellonae aede maiores suos .. Ebenso zu Arezzo C. I. L. p. 287 = Orelli 539. Appius Claudius C. f. Caecus censor . . . aedem Bellona(e) fecit. Fasti Venusini III Non(as) Iun(ias) Bellon(ae) in circ(o) Flam(inio), Ovid. 6, 203. Becker Topographie S. 606. 607. Mommsen. röm. Forschungen S. 310, welcher die Angabe des Plinius für einen Irrthum hält: „von Kriegsthaten des Appius ist wenig zu berichten, obwohl er — gegen Samniter und Etrusker zu Felde gestanden hat — und wenn er der Bellona einen Tempel erbaute, so huldigt bekanntlich der Mensch nicht selten derjenigen Gottheit am eifrigsten, die ihn verschmäht".

(3) Orelli. 2316. D(iis) M(anibus) L(ucio) Cornelio Ianuario fanatico ab Isis Serapis ab aedem Bellone rufiliae . . . 2317 . . elsinius Capitolinus ex aede Bellonaes pulvinesis fanaticus m. d. d. d. 2318. L(ucio) Lartio Anthocistophoro aedis Bellonae pulvinensis fecit C(aius) Quintius Rufinus fratri et domino suo pientissimo cui et monumentum fecit interius agro Apollinis argentei Quintus Rufinus.

(4) Cuiacii obss. 10, 34. Idem (Ulpianus) cum libro septimo de officio proconsulis (sic est legendum apud Lactantium, non libris septem) collegerit rescripta principum de poenis Christianorum, non mirum si de suae religionis sectis egerit Ulpianus, e quibus sunt Bellonarii, quos glossae illae interpretantur θεοφερουμένους, Martialis vocat Bellonae turbam entheatam lib(ro) XII et eiusdem lib(ro) XI. Alba nimis saevis lacerantur brachia

natoribus erwähnten falschen Propheten, welche vorgeblich vom göttlichen Geiste getrieben, durch ihre Weissagungen die Einzelnen berücken, oder die öffentliche Ruhe stören — vaticinatores, qui se deo plenos assimulant qui novas et usu vel ratione incognitas religiones inducunt, quibus animi hominum moveantur, contra publicam quietem imperiumque populi Romani improbandas artes exercent, qui sub obtentu et monitu deorum quaedam vel enuntiant vel iactant vel scientes confingunt nach Paulus und Ulpians Ausdruck (1). Die Begeisterung und Wuth jener offiziellen Fanatiker der Kriegsfurie stammte freilich auch nur aus dem Gebrauch des Strychnon oder Solanum, welches eben davon den Namen bellonaria erhielt (2), allein ihre Raserei war eine von Staats wegen privilegirte und die Aussprüche oder Ausbrüche derselben wurden wie alle menschliche Thorheit als übermenschliche Weisheit verehrt (3), bis die Gesetzgebung des vierten Jahrhunderts dem blutigen Dienst der Bellonarier wie dem friedlichen der Arvalen in gleicher Weise ein Ziel setzte (4).

Defectarii, wie für derectarii verschrieben ist, εἰσπηδησιῶνες, sind Individuen, welche in diebischer Absicht in die Zimmer eindringen. Man könnte daher die Glosse dem Titel de furibus im achten Buch entlehnt glauben. Allein die Handlung ist vielleicht Injurie oder Gewalt, Diebstahl ist sie an sich nicht (5) und wäre sie es durch hinzutretende Contrectation ge-

---

cultris Cum furit ac Phrygios enthea turba modos. Eosdem etiam Bellonarios appellavit Acro in 2 Satyram Horatii: Bellonarii, inquit, lacertos humerosque concidunt.

(1) Paul. 5, 21. de vaticinatoribus et mathematicis §. 1. 2.

(2) Apuleius de herbis 74.

(3) Horat. sat. 2, 3. 323. gaudens Bellona cruentis. Juvenal. 4, 123. 124. Martial 11, 84, 4. 12, 57. Lamprid. Commod. 9. Bellonae servientes vere exsecare brachium praecepit studio crudelitatis. Tertullian. apologet. 9. Lactantius divin. inst. 1, 21. alia (publica sacra) Virtutis quam eandem Bellonam vocant, in quibus ipsi sacerdotes non alieno sed suo cruore sacrificant. Sectis namque humeris et utraque manu districtos gladios exserentes, currunt, efferuntur, insaniunt. Optime igitur Quinctilianus in Fanatico istud inquit, si Deus cogit, iratus est.

(4) L. 3. L. 14. C. Theod. de paganis, sacrificiis et templis (16, 10.) a. 346. 396.

(5) Ulp. L. 21. §. 7. D. de furtis (47, 2.) Qui furti faciendi causa conclave intravit, nondum fur est, quamvis furandi causa intravit. Quid ergo? qua actione tenebitur? utique iniuriarum; aut de vi accusabitur si per vim intravit.

worden, so würde sie als Civilsache an den Landtag gehören, eine Rechtsfolge, welche in Betracht der Gefährlichkeit des Hausfriedensbruchs viel zu mild erscheinen müsste. Deshalb stellt Ulpian den Fall ins neunte Buch unter die peinlichen Übertretungen, welche von der Ordnung der Convente eximirt waren und theils wegen dieser Exemtion, theils wegen des neueren Ursprungs der criminellen Behandlung als extraordinaria crimina bezeichnet wurden. Qui directarii appellantur sagt der Jurist in einer Stelle des neunten Buchs (1), die in den Pandekten und vielleicht schon bei Ulpian selbst unter dem Titel de extrordinariis criminibus eingetragen ist, hoc est hi qui in aliena cenacula se dirigunt furandi animo, plus quam fures puniendi sunt: idcircoque aut ad tempus in opus dantur publicum aut fustibus castigantur et dimittuntur aut ad tempus relegantur. Unser Glossar hat die Ulpianische Erklärung von directarii, nämlich qui in aliena cenacula se dirigunt furandi causa in zwei Stücke zerlegt. Die erste Hälfte, die Ableitung von se dirigere ist unter Defectarii mit Angabe ihrer Entlehnung aus dem Liber de officio proconsulis durch εἰσπηδῶν wieder gegeben (2). Die zweite Hälfte, die fremden Wohnungen und die diebische Absicht enthaltend, wird ohne Angabe der Quelle unter Derectarius θυρεπανοίκτης, ἐπεισπηδητής. κατάρατος, mit den Worten eingetragen: ὁ εἰς τὰς ἀλλοτρίας ἕνεκεν τοῦ κλέψαι εἰσερχόμενος οἰκίας. Die erstere Erklärung wurde der aus dem achten, die zweite der aus dem neunten Buch entlehnten Glosse als Erläuterung beigegeben.

Es bedarf daher nicht erst noch der Hinweisung auf die letzte subscribirte Glosse Delatio ἀναφορά Liber de officio proconsulis, welche aus dem siebenten oder achten Buche entnommen sein wird (3), um die behauptete Provenienz der sämmtlichen acht Glossen aus Ulpians Buch als genügend erwiesen anzunehmen.

Aber auch wo die Benutzung dieser Schrift nicht mehr ausdrücklich be-

---

(1) Ulp. 9. L. 7. D. de extraord. crim. (47, 10.)

(2) Der Ableitung von se dirigere folgt auch Paulus 5, 4. 8. indem er die strafrechtliche Behandlung der directarii der Cornelischen gemischten Klage und Anklage quotiens — cuius domus introitur gegenüberstellt.

(3) Paulus 5, 13. de delatoribus stellt die Delation im Fiscalrecht zwischen dem Privat- und Strafrecht dar. Zur Erklärung der Wörter derectarii und delatio hatte neuerdings Osann, glossarii latini specimen. Gissae 1826. 22 Seiten 4° einmal wieder unsere Glossen benutzt. Eine kurze Anzeige dieser Schrift von Schrader in der Tübinger Krit. Zeitschrift Bd. III. (1827) S. 312 führt den liber de officio Proconsulis auf Ulpian zurück. Auf diese Anzeige

zeugt ist, also vom Buchstaben *E* ab läfst sich der gleiche Ursprung wenigstens bis zu einiger Wahrscheinlichkeit nachweisen. So in folgenden Beispielen.

Effractores erklärt das Glossar durch θυρεπανοίκται und effractorius durch θυρεπανοίκτης, also gerade so wie derectarius, welches in der zweiten nicht subscribirten Glosse wenigstens an erster Stelle mit θυρεπανοίκτης übersetzt war. Nun sagt aber Ulpian im achten Buch unserer Schrift, wo er der Derectarii zuerst gedenkt simili modo et . . . derectarii erunt puniendi, item effractores ([1]) und hier mag er des gewaltsamen oder böswilligen Eindringens der Thüröffner beider Kategorieen an erster Stelle gedacht haben. Dazu stimmt wenigstens die verdorbene Parallelstelle des Paulus (5, 4. §. 8.), in welcher die Derectarii von der gemischten Cornelischen Injurienklage mit den Worten ausgenommen werden (praeterquam) ab his, qui vulgo derectarii appellantur, in quos extra ordinem animadvertitur ita ut prius ingruentis consilium pro modo commentae fraudis poena vindicetur exilii aut metalli aut operis publici. Das sinnlose prius ingruentis der Handschriften und Ausgaben bessert jetzt Huschke (Gaius S. 146.) in furis introeuntis und nimmt dies sogar in den Text, obgleich der Eintretende noch nicht Dieb und der Conat des Diebstahls nicht strafbar ist. Nach unserer Glosse θυρεπανοίκτης dürfte der Vorschlag fores ingredientis geringeren Bedenken unterliegen. Die dritte Glosse κατάρατος aber scheint den Ausdruck zu erklären, mit welchem die Vulgärsprache nach Paulus die Zimmereinschleicher kurzweg als Galgenvögel kennzeichnete: wie dierecti nach Nonius crucifixi bedeutet, so sind derectarii für die Kreutzigung reife Individuen: die Schreibart ohne i entspricht zwar in dierectus der Ableitung von διάῤῥηκτος oder von di-erectus nicht; sie wird aber, wenn auch nicht durch die ambrosianische doch durch die drei andern alten Handschriften des Plautus bestätigt ([2]).

---

gründet sich die Meinung, welche Hr. D. Zachariae von Lingenthal in seiner Historiae Juris Graeco-Romani delineatio 1839. p. 20. §. 13. Nr. 3. aufstellt, dafs die Rechtslehrer zu Berytos über Ulpians Bücher vom proconsularischen Amt gelesen hätten. Wie unsicher die Grundlage dieser Hypothese ist, dürfte durch die Abhandlung über das Glossar des Philoxenus einleuchtend geworden sein.

([1]) Ulp. 8. L. 1. §. 2. D. de effractoribus (47, 18.)

([2]) Im Trinummus 3, 4, 56. hat nur die ambrosianische Handschrift dierecte, die drei anderen alten derecte; Hr. Haupt erinnert jedoch, dafs dies in Betracht der übrigen Stellen eher Schreibfehler als vulgäre Form zu sein scheint. Rost, Plautinorum cupediorum (Lips. 1807-1834.) ferculum III und in opusc. Plaut. Vol. I Lips. 1836. Lindemann ad Plauti Captiv. 3, 4. 102.

In derectarius kehrt sie in der Florentina und den Handschriften des Paulus, also in allen drei Stellen, in denen das Wort vorkommt, wieder und mufs daher als vulgäre Form ertragen werden. Effractorius ist aus Ulpian nicht nachzuweisen, effractarius aber steht in gleicher Bedeutung bei Seneca (ep. 68.) vile videtur quidquid patet: aperta effractarius praeterit.

Expilat giebt das Glossar in einer Fülle von Synonymen wieder: ἀποδύει, ληϛεύει, συλᾷ, λυμαίνεται, ἐκπορθεῖ, τοιχωρυχεῖ. Sie werden entweder aus dem Titel de effractoribus et expilatoribus im achten oder expilatae hereditatis im neunten Buch des Ulpian gesammelt sein, denn auch die Plünderung einer Erbschaft, gilt, wenn gleich nicht als Furtum, doch als qualifizirte Entwendung ([1]).

Maiestatis crimen, καθοσιώσεως ἔγκλημα scheint aus den Worten Maiestatis crimen illud est ... quo ... coetus conventusve fiat hominesve ad seditionem convocentur im siebenten Buch Ulpian's construirt zu sein ([2]).

Perduelliones, οἱ κατὰ τοῦ δήμου τοῦ Ῥωμαίων βουλευόμενοι ἢ κατὰ βασιλέων errinnert wenigstens an Ulpian's Definition perduellionis reus est hostili animo adversus rem publicam vel principem animatus, die wir jedoch nicht aus der Schrift de officio proconsulis, sondern nur aus dem achten Buch der Disputationen kennen ([3]).

Plagiarius, ψυχαγωγός stammt dagegen aus den Titel ad legem Fabiam im neunten Buch ([4]). Endlich die Glosse Rudes, ῥάβδος ἐπιστάτου μονομάχου ist ohne Zweifel aus dem Excerpt des achten Buchs in der Collatio Titel XI Kap. 7. §. 3. aufgenommen.

Sicarius, σφάκτης, ἀνδροφόνος, σφαγεὺς ληϛής scheint aus den Worten des Cornelischen Gesetzes qui cum telo ambulaverit hominis necandi furtive faciendi causa hominemve occiderit zusammengezogen zu sein, welche in der Collatio unter dem Titel des siebenten Buchs de sicariis et veneficis überliefert sind.

---

(1) Ulp. 8. L. 1. §. 1. D. de effractoribus (47, 18.). Ulp. 9. L. 2. D. Expilatae hereditatis (47, 19.) cf. L. 16. §. 6. D. de poenis (48, 19.) L. 12. C. ex. quib. caus. inf. (2, 12.)

(2) Ulp. 7. L. 1. §. 1. D. ad Legem Iuliam maiestatis (48, 4.).

(3) Ulp. L. 8. Disputationum L. 11. D. eodem.

(4) Ulp. 9. in der Collatio 14, 3. §. 4. 5.

Wie unsicher jedoch die Zurückführung dieser und ähnlicher Glossen auf Ulpians Schrift überall bleibt, wo es an einer ausdrücklichen Beglaubigung der Abstammung aus der letzteren fehlt, mag folgendes Beispiel lehren. Annona wird im Glossar durch *εὐθενία*, *σιτηρέσιον*, Dardanarius durch *παντοπώλης*, *παντομετάβολος*, *σιτοκάπηλος*, Vexare durch *σκῦλαι* wiedergegeben. Man könnte versucht sein diese Ausdrücke aus L. 6. pr. D. de extraordinariis criminibus (47, 11) herzuleiten, wo aus dem achten Buch unserer Schrift die Erklärung ausgehoben ist: Annonam adtemptare et vexare vel maxime dardanarii solent. Gleichwohl würde dieses Verfahren ein mifsliches genannt werden müssen, weil durchaus kein Grund abzusehen ist, warum der Verfasser des Lexicon's hier seine Quelle verschwiegen hätte, die er doch sonst unter den Buchstaben *A.* bis *D.* oft genug genannt hat.

## V.

Der Ertrag der vorstehenden Untersuchung ist wenigstens in Einer Beziehung nicht ganz unerheblich. Ulpians Buch vom Amt des Proconsuls liefert nämlich einen merkwürdigen Belag, wie Justinians Arbeiter ihre Aufgabe verstanden haben. Sie räumen weit gründlicher auf, als der Compilator der Vaticanischen Fragmente, in welchen beispielsweise die Vaticinationen des Archigallus und die Sacerdotien, deren die classischen Juristen gedachten, noch nicht ausgemerzt sind. Mit Hülfe unserer Glossen und der Geschichtsquellen, welche die älteren Rescripte gegen die Christen überliefern, läfst sich ein Theil des Ausgefallenen ergänzen, die Titelrubriken in der Collatio ergeben Stücke der alten Ordnung und die Herstellung liefert ein Werk, welches gleich den Institutionen Ulpian's oder den Sentenzen des Paulus selbst noch in seinen Trümmern und ungeachtet aller Lücken den Plan nachzudenken gestattet, den der Verfasser selbst ihm ausgestaltet hatte.

Der römischen Wissenschaft, welche sich fast überall nur auf Bruchstücke angewiesen sieht, eröffnet eine wenn gleich nur partielle Zusammenfügung derselben zu dem ursprünglichen zertrümmerten Ganzen gleichsam eine neue Quelle. Dieser Ueberzeugung entstammt Hommel's Palingenesie, in deren drittem Theil (1768) pag. 428—445.) auch die Herstellung der vorliegenden Schrift Ulpian's versucht ist. Allein er läfst die Bruchstücke des Pariser Lexicons und die Rescripte gegen die Christen ganz unbeachtet, das Vaticanische Bruchstück war noch unentdeckt, die Pithou'sche, jetzt Berliner

Handschrift der Collatio noch verschollen, und an die Herstellung der Rubriken oder gar des Zusammenhangs hat er entweder nicht gedacht oder das Unternehmen als ein gewagtes vermieden, denn er druckt die Fragmente in der Ordnung ab, in welcher sie in Justinian's Digesten auf einander folgen. Mit Hülfe der von Hommel vernachlässigten Bruchstücke, Hülfsmittel und Aufgaben ergiebt sich die folgende Recension des Textes, für welche die Berliner Handschrift benutzt und wenigstens so weit der Pandektentitel de officio proconsulis et legati aus Ulpian's Buch entnommen ist, bereits Mommsens Text zum Grunde gelegt werden konnte.

# DOMITII ULPIANI

## DE OFFICIO PROCONSULIS LIBRORUM DECEM QUAE SUPERSUNT.

---

### LIBER PRIMUS.

*DE INGRESSU.*

I. Observare autem proconsulem oportet, ne in hospitiis praebendis oneret provinciam, ut imperator noster cum patre Aufidio Severiano rescripsit.

Nemo proconsulum stratores suos habere potest, sed vice eorum milites ministerio in provinciis funguntur.

Proficisci autem proconsulem melius quidem est sine uxore: sed et cum uxore potest, dummodo sciat senatum Cotta et Messala consulibus censuisse *‚futurum, ut si quid uxores eorum, qui ad officia proficiscuntur, deliquerint, ab ipsis ratio et vindicta exigatur.'*

Antequam vero fines provinciae decretae sibi proconsul ingressus sit, edictum debet de adventu suo mittere continens commendationem aliquam sui, si qua ei familiaritas sit cum provincialibus vel coniunctio, et maxime excusan(ti)s ne publice vel privatim occurrant ei: esse enim congruens, ut unusquisque in sua patria eum exciperet.

Recte autem et ordine faciet si edictum decessori suo miserit significetque, qua die fines sit ingressurus. plerumque enim incerta haec et inopinata turbant provinciales et actus impediunt.

Ingressum etiam hoc eum observare oportet, ut per eam partem provinciam ingrediatur, per quam ingredi moris est, et quas Graeci ἐπιδημίας appellant sive κατάπλουν observare, in quam primum civitatem veniat vel applicet: magni enim facient provinciales, servari sibi consuetudinem istam et huiusmodi praerogativas. quaedam provinciae etiam hoc habent, ut per mare in eam provinciam proconsul veniat, ut Asia, scilicet usque adeo, ut imperator noster Antoninus

Augustus ad desideria Asianorum rescrips(*er*)it, proconsuli necessitatem impositam per mare Asiam applicare καὶ τῶν μητροπόλεων Ἔφεσον primam attingere. (*L.* 4. *D. de off. procons.* 1, 16.)

II. Diuturna consuetudo pro iure et lege in his quae non ex scripto descendunt observari solet. (*L.* 33. *D. de legibus* 1, 3.)

III. atriensis (διαιτάριος, διαιτάρχης. Glossa Philoxeni.)

*DE DONIS ET MUNERIBUS.*

IV. Non vero in totum xeniis abstinere debebit proconsul, sed modum adicere, ut neque morose in totum abstineat, neque avare modum xeniorum excedat. quam rem divus Severus et imperator Antoninus elegantissime epistula sunt moderati, cuius epistulae verba haec sunt: *quantum ad xenia pertinet audi quid sentimus: vetus proverbium est:* οὔτε πάντα, οὔτε πάντοτε, οὔτε παρὰ πάντων. *nam valde inhumanum est a nemine accipere, sed passim vilissimum est, et omnia avarissimum.* Et quod mandatis continetur, *ne donum vel munus ipse proconsul, vel qui in alio officio erit, accipiat ematve quid nisi victus cottidiani causa,*' ad xeniola non pertinet, sed ad ea, quae edulium excedant usum. sed nec xenia producenda sunt ad munerum qualitatem. (*L.* 6. §. 3. *D. de off. procons.* 1, 16.)

*DE OFFICIO LEGATI.*

V. Post haec ingressus provinciam, mandare iurisdictionem legato suo debet nec hoc ante facere quam fuerit provinciam ingressus: est enim perquam absurdum, antequam ipse iurisdictionem nanciscatur (nec enim prius ei competit, quam in eam provinciam venerit) alii eam mandare, quam non habet. sed si et ante fecerit et ingressus provinciam in eadem voluntate fuerit, credendum est, videri legatum habere iurisdictionem, non exinde, ex quo mandata est, sed ex quo provinciam proconsul ingressus est. (*L.* 4. §. 6. *D. de officio proconsulis et legati* 1, 16.)

VI. Solent etiam custodiarum cognitionem mandare legatis, scilicet ut praeauditas custodias ad se remittant, ut innocentem ipse liberet. sed hoc genus mandati extraordinarium est: nec enim potest quis (*L.* 70. *D. de reg. iur.* 50, 17. *nemo potest*) gladii potestatem sibi datam, vel cuius alterius coercitionis ad alium transferre, nec liberandi igitur reos ius, cum accusari apud eum non possint.

Sicut autem mandare iurisdictionem, vel non mandare, est in arbitrio proconsulis, ita adimere mandatam iurisdictionem licet quidem proconsuli, non autem debet inconsulto principe hoc facere.

Legatos non oportet principem consulere, sed proconsulem suum et is ad consultationes legatorum debebit respondere. (*L.* 6. *pr.* §. 1. 2 *D. de off. procons.* (1, 16.) *L.* 70. *D. de reg. iuris* 50, 17.)

# LIBER SECUNDUS.

*DE FORO AGENDO.*

VII. Si in aliam quam (*si in aliquam*) celebrem civitatem vel provinciae caput advenerit, pati debet commendari sibi civitatem laudesque suas non gravate audire, quum honori suo provinciales id vindicent: et ferias secundum mores et consuetudinem quae retro optinuit dare (*L.* 7. *pr. D. de off. procons.* 1, 16.)

VIII. Aedes sacras et opera publica circumire inspiciendi gratia, an sarta tecta qu[a]e sint, vel an aliqua refectione indigeant, et si qua coepta sunt ut consummentur, prout vires eius rei publicae permittunt, curare debet curatoresque operum diligentes sollemniter praeponere, ministeria quoque militaria, si opus fuerit, ad curatores adiuvandos dare. (*L.* 7. §. 1. *D. de off. procons.* 1, 16.)

*DE IURISDICTIONE.*

IX. Cum plenissimam autem iurisdictionem proconsul habeat, omnium partes, qui Romae vel quasi magistratus vel extra ordinem ius dicunt, ad ipsum pertinent. (*L.* 7. §. 2. *D. de off. procons.* 1, 16.)

X. nec quicquam est in provincia quod non per ipsum expediatur. sane si fiscalis pecuniaria causa sit, quae ad procuratorem principis respicit, melius fecerit si abstineat. (*L.* 9. *pr. D. eodem.*)

XI. . . . a ramulariis . . (*ἀπο τῶν ἀντεπιτρόπων Glossa* Philoxeni).

XII. Praeses provinciae minorem in integrum restituere potest etiam contra suum vel decessoris sui sententiam. quod enim appellatio interposita maioribus praestat, hoc beneficio aetatis consequuntur minores. (*L.* 42. *D. de min.* 4, 4.)

XIII. Maiores viginti annis ita demum ad libertatem proclamare non possunt, si pretium ad ipsum, qui veniit, pervenerit. ex ceteris autem causis, quamvis maior viginti annis se venumdari passus sit, ad libertatem ei proclamare licet.

Minoris autem viginti annis ne quidem ex causa supra scripta debet denegari libertatis proclamatio, nisi maior annis viginti factus duravit in servitute. tunc enim si pretium participatus sit, dicendum erit, denegari ei debere libertatis proclamationem (*L.* 1. *D. quibus ad libert. proclamare non licet.* 40, 13.)

XIV. Si qui actionem quae ex maleficiis oritur, velit exsequi: si quidem pecuniariter agere velit, ad ius ordinarium remittendus erit, nec cogendus erit in crimen subscribere. enim vero si extra ordinem eius rei poenam exerceri velit, tunc subscribere eum in crimen oportebit. (*L.* 3. *D. de privatis delictis* 47, 1.)

XV. Imperatores Augusti Iulio Iu*[liano p(ro) c(on)suli Achaiae r(escripserunt): filiam emancipa]*tam(1) dotem recte reddi sibi desiderare *neque* *[cavere debere ratam rem patrem habiturum.]* quod etiam in patre servabitur qui consentiente filia re*[petit dotem. neque enim de rato cavebit]*, nec moratoriae dilationi locus erit quod mal*[e in dote versaturus sit.]* *(Fragmenta Vaticana* §. **119.** *sub inscriptione:* Ulpianus lib. II de officio proconsulis (2).

XVI. Ubi decretum necessarium est per libellum id expedire proconsul non poterit: omnia enim, (*,enim' deest in L.* 71. *D. de reg. iur* 50, 17.) quaecumque causae cognitionem desiderant, per libellum non possunt expediri *L.* 9. §. 1. *D. de officio procons.* (1, 16.) *L.* 71. *D. de diversis reg. iuris* 50, 17.)

XVII. Excusare se tutor per libellos non poterit *(L.* 25. *D. de excusationibus* 27, 1.)

XVIII. De plano autem proconsul potest expedire haec: ut obsequium parentibus et patronis liberisque patronorum exhiberi iubeat: comminari etiam et terrere filium a patre oblatum, qui non ut oportet conversari dicatur, poterit de plano: similiter et libertum non obsequentem emendare aut verbis aut fustium castigatione. *(L.* 9. §. 3. *D. de off. procons.* 1, 16.)

XIX. Levia crimina audire et discutere de plano proconsulem oportet. et vel liberare eos quibus obiciuntur vel fustibus castigare vel flagellis servos verberare. *(L.* 6. *D. de accusat. et inscript.* 48, 2.)

XX. De custodia reorum proconsul aestimare solet, utrum in carcerem recipienda sit persona, an militi tradenda, vel fideiussoribus committenda vel etiam sibi. hoc autem vel pro criminis, quod obicitur, qualitate, vel propter honorem, aut propter amplissimas facultates, vel pro innocentia personae, vel pro dignitate eius, qui accusatur, facere solet. *(L.* 1. *D. de custodia reorum* 48, 3.)

*DE POSTULANDO.*

XXI. Circa advocatos patientem esse proconsulem oportet, sed cum ingenio, ne contemptibilis videatur, nec adeo dissimulare, si quos causarum concinnatores vel redemptores depraehendat eosque solos pati postulare quibus per edictum eius postulare permittitur. *(L.* 9. §. 2. *D. de off. procons.* 1, 16.)

*

XXII. Observare itaque eum oportet, ut sit ordo aliquis postulationum, scilicet ut omnium desideria audiantur, ne forte dum honori postulantium datur,

---

(1) Mommsenius: Iu[*liano rescripserunt sui iuris filiam fac*]tam.

(2) Alio modo restituit Huschkius Jurispr. ant. (1861) p. 640: Impp. [*nostri*] Augg. Iulio Iu[*liano consulente crimine postula*]tam dotem recte reddi sibi desiderare dixerunt quae [*omnino repeti iam possit*]. quod etiam in patre servabitur qui consentiente filia re[*a dotem communem repetit:*] nec moratoriae dilationi locus erit, quod mal[*e perditurus dotem sit.*]

vel improbitati ceditur, mediocres desideria sua non proferant, qui aut omnino non adhibuerunt, aut minus frequentes neque in aliqua dignitate positos advocatos sibi prospexerunt.

Advocatos quoque petentibus debebit indulgere plerumque: feminis vel pupillis vel alias debilibus vel his qui suae mentis non sunt, si quis eis petat: vel si nemo sit qui petat, ultro eis dare debebit. sed *(et)* si qui per potentiam adversarii non invenire se advocatum dicat, aeque oportebit ei advocatum dare. ceterum oprimi aliquem per adversarii sui potentiam non oportet. hoc enim etiam ad invidiam eius qui provinciae praeest spectat, si quis tam impotenter se gerat, ut omnes metuant adversus eum advocationem suscipere.

Quae etiam omnium praesidum communia sunt et debent ab his observari. *(L. 9. §. 4. 5. 6. D. de officio procons.* 1, 16.*)*

## LIBER TERTIUS.

### *DE TUTORIBUS ET CURATORIBUS DANDIS.*

XXIII. His qui in ea causa sunt, ut superesse rebus suis non possint, dare curatorem proconsulem oportebit.

Nec dubitabit filium quoque patri curatorem dare. quamvis enim contra sit apud Celsum et apud alios plerosque relatum, quasi indecorum sit patrem a filio regi: attamen divus Pius Iustio Celeri, item divi fratres rescripserunt, *filium si sobrie vivat, patri curatorem dandum magis quam extraneum.*

Divus Pius matris querellam de filiis prodigis admisit, ut curatorem accipiant, in haec verba: *‚non est novum quosdam, etsi mentis suae videbuntur ex sermonibus compotes esse, tamen sic tractare bona ad se pertinentia, ut nisi subveniatur his, deducantur in egestatem. eligendus itaque erit qui eos consilio regat. nam aequum est prospicere nos etiam iis, qui quod ad bona ipsorum pertinet, furiosum faciunt exitum.'* (*L.* 12. *de tutorib. et curat. datis* 26, 5.)

### *UBI MORARI VEL EDUCARI PUPILLUM OPORTEAT.*

XXIV. Si disceptetur ubi morari vel ubi educari pupillum oporteat, causa cognita id praesidem statuere oportebit. In causae cognitione evitandi sunt qui pudicitiae impuberi possunt insidiari. (*L.* 5. *D. ubi pupillus educ. vel mor. debeat* 27, 2.)

*DE PRAEDIIS EORUM QUI SUB TUTELA VEL CURA SUNT SINE DECRETO NON ALIENANDIS.*

XXV. Si praedia minoris vigintiquinque annis distrahi desiderentur, causa cognita praeses provinciae debet id permittere. idem servari oportet et si furiosi vel prodigi vel cuiuscumque alterius praedia curatores velint distrahere. (*L.* 11. *de reb. eorum qui sub tutela* 24, 9.)

*DE DECURIONIBUS.*

XXVI. Generaliter id erit defendendum, ut qui clementiorem sententiam passus est ob hoc quod ad tempus relegatur, boni consulere debeat humanitatis sententiae, nec decurionatum recipiat.

Sed si quis ob falsam causam, vel aliam de gravioribus, non ad tempus sit relegatus, sed ad tempus ordine motus, in ea est causa, ut possit in ordinem redire. Imperator enim Antoninus edicto proposito statuit, ut *quicumque aut quacumque causa ad tempus ordine vel advocationibus vel quo alio officio fuisset interdictum, completo tempore nihilominus fungi honore vel officio possit.* et hoc recte: neque enim exaggeranda fuit sententia quae modum interdictioni fecerat.

Spurios posse in ordinem allegi nulla dubitatio est. sed si habeant competitorem legitime quaesitum praeferri eum oportere divi fratres Lolliano Avito Bithyniae praesidi rescripserunt. Cessantibus vero his, etiam spurii ad decurionatum et re et vita honesta recipientur. quod utique non sordi erit ordini: cum ex utilitate eius sit, semper ordinem plenum habere.

Eis qui Iudaicam superstitionem sequantur, divi Severus et Antoninus honores adipisci permiserunt. sed et necessitates eis imposuerunt, quae superstitionem eorum non laederent. (*L.* 3. *de decurionibus* 50, 2.)

*DE ALBO SCRIBENDO.*

XXVII. Decuriones in albo ita scriptos esse oportet, ut lege municipali praecipitur; sed si lex cessat, tunc dignitates erunt spectandae, ut scribantur eo ordine quo quisque eorum maximo honore in municipio functus est: puta qui duumviratum gesserunt, si hic honor praecellat: et inter duumvirales antiquissimus quisque prior(is). deinde hi qui secundo post duumviratum honore in republica functi sunt. post eos qui tertio et deinceps. mox hi qui nullo honore functi sunt, prout quisque eorum in ordinem venit.

In sententiis quoque dicendis idem ordo spectandus est, quem in albo scribendo diximus. (*L.* 1. *D. de albo scribendo* 50, 3.)

# LIBER QUARTUS.

*DE MUNERIBUS VEL HONORIBUS.*

XXVIII. Rescripto divorum fratrum ad Rutilium Luppum ita declaratur: *‚constitutio qua cautum est, prout quisque decurio creatus est, ut ita et magistratum apiscatur, totiens servari debet, quotiens idoneos et sufficientes omnes contingit. ceterum si ita quidam tenues et exhausti sunt, ut non modo publicis honoribus pares non sint, sed et vix de suo victum sustinere possint, et minus utile et nequaquam honestum est talibus mandari magistratum, praesertim cum sint qui convenienter ei et suae fortunae et splendori publico possint creari. sciant igitur locupletiores non debere se hoc praetextu legis uti. et de tempore quo quisque in curiam allectus sit, inter eos demum esse quaerendum qui pro substantia sua capiant honoris dignitatem.'*

Debitores rerum publicarum ad honores invitari non posse certum est, nisi prius in id quod debetur reipublicae, satisfecerint. Sed eos demum debitores rerum publicarum accipere debemus, qui ex administratione reipublicae relinquantur. ceterum si non ex administratione sint debitores, sed mutuam pecuniam a re publica acceperint: non sunt in ea causa, ut honoribus arceantur. Plane vice solutionis sufficit, ut quis aut pignoribus aut fideiussoribus idoneis caveat. et ita divi frares Aufideio Herenniano rescripserunt. sed et si ex pollicitatione debeant, quae tamen pollicitatio recusari non potest, in ea sunt condicione, ut honoribus arceantur.

Si quis accusatorem non habet, non debet honoribus prohiberi, quemadmodum non debet is, cuius accusator destiterit. ita enim imperator noster cum divo patre suo rescripsit.

Sciendum est, quaedam munera esse aut personae, aut patrimoniorum, itidem quosdam esse honores.

Munera quae patrimoniis iniunguntur, vel intributiones, talia sunt, ut neque aetas ea excuset, neque numerus liberorum, nec alia praerogativa quae solet a personalibus muneribus exuere.

Sed enim haec munera quae patrimoniis indicuntur, duplicia sunt: nam quaedam possessoribus iniunguntur, sive municipes sunt, sive non sunt quaedam nonnisi municipibus, vel incolis. intributiones quae agris fiunt, vel aedificiis, possessoribus indicuntur. munera vero quae patrimoniorum habentur, non aliis quam municipibus vel incolis. (*l.* 6. *D. de muner. et honorib.* 50, 4.)

XXIX. Si qui certa condicione muneribus vel honoribus se adstrinxerunt, cum alias compelli non possent inviti suscipere istum honorem, fides eis servanda est, condicioque qua se ad munera sive honores applicare passi sunt.

Impuberes, quamvis necessitas penuriae hominum cogat, ad honores non esse admittendos, rescripto ad Benidium Rufum legatum Ciliciae declaratur. (*L.* 2. *D. de iure immunitatis* 50, 6.)

*DE VACATIONE ET EXCUSATIONE MUNERUM.*

XXX. Filio propter patrem legationis vacatio ne concedatur, imperator noster cum patre Claudio Callisto rescripsit in haec verba: ,*quod desideras, ut propter legationem patris tui a legatione tu vaces, in intervallis honorum qui sumptum habent, recte observatur. in impendiis legationum quae solo ministerio obeuntur, diversa causa est.*' (*L.* 6. *D. de legationibus* 50, 7.)

XXXI. Viae sternendae immunitatem veteranos non habere, Iulio Sossiano veterano rescriptum est. nam nec ab intributionibus quae possessionibus fiunt, veteranos esse excusatos, palam est. sed et naves eorum angariari posse, Aelio Firmo et Antonino Claro veteranis rescriptum est. (*L.* 4. *D. de veteranis* 49, 18.)

XXXII. Παῦλος γράφει οὕτως. Philosophi, oratores, grammatici, qui publice iuvenibus prosunt, excusantura tutelis. nam et Ulpianus libro quarto de officio proconsulis ita scribit, (*Modestinus libro secundo excusationum L.* 6. §. 5. *D. de excusationibus* 27, 1.)

XXXIII. Cum de consuetudine civitatis vel provinciae confidere quis videtur primum quidem illud explorandum arbitror, an etiam contradicto aliquando iudicio consuetudo firmata sit. (*L.* 34. *D. de legibus* 1, 3.)

## LIBER QUINTUS.

XXXIV. Maiores septuaginta annis a tutelis et muneribus personalibus vacant. sed qui ingressus est septuagesimum annum, nondum egressus, hac vacatione non utetur. quia non videtur maior esse septuaginta annis qui annum agit septuagesimum. (*L.* 3. *de iure immunitatis* 50, 6.)

XXXV. Eum quem temere adversarium suum in iudicium vocasse constitit, viatica litisque sumptus adversario suo reddere oportebit.

Iudicibus de iure dubitantibus praesides respondere solent: de facto consulentibus non debent praesides consilium impertire, verum iubere eos prout religio suggerit sententiam proferre. haec enim res nonnumquam infamat et materiam gratiae vel ambitionis tribuit. (*L.* 79. *D. de iudiciis*5, 1.)

XXXVI. Tutor vel curator, cuius iniusta appellatio pronuntiata erit, cuiusve excusatio recepta non sit: ex quo accedere ad administrationem debuit, erit obligatus. (*L.* 20. *D. de administr. et peric. tutor.* 26, 7.)

*AD MUNICIPALEM.*

XXXVII. Si quis a pluribus manumissus sit, omnium patronorum originem sequitur. (*L.* 7. *D. ad municipalem* 50, 1.)

XXXVIII. In eum cuius instinctu ad infamandum dominum servus ad statuam confugisse compertus erit, praeter corrupti servi actionem quae ex edicto perpetuo competit severe animadvertitur. (*L.* 5. *D. de extraord. criminib.* 47, 11.)

*DE POLLICITATIONIBUS.*

XXXIX. Totiens locum habet deminutio pollicitationis in persona heredis, quotiens non est pollicitatio ob honorem facta. ceterum si ob honorem facta sit, aeris alieni loco habetur et in heredum persona non minuitur.

Si quis pecuniam ob honorem promiserit, coeperitque solvere, eum debere quasi coepto opere imperator noster Antoninus rescripsit.

Non tantum masculos, sed etiam feminas, si quid ob honores pollicitatae sunt, debere implere sciendum est. et ita rescripto imperatoris nostri et divi patris eius continetur.

Si cui respublica necessitatem imposuerit statuarum principi ponendarum, qui non promisit: non esse ei necesse obtemperare rescriptis imperatoris nostri et divi patris eius continetur. (*L.* 6. *D. de pollicitationibus* 50, 12.)

## LIBER SEXTUS.

*DE COLLEGIIS.*

XL. Quisquis illicitum collegium usurpaverit, ea poena tenetur, qua tenentur qui hominibus armatis loca publica vel templa occupasse iudicati sunt. (*L.* 2. *D. de colleg. et corporib.* 47, 22.)

*DE CURATORIBUS.*

XLI. Cum heres instituta furiosa hereditatem esset rogata restituere: curatorem eius secundum tabulas bonorum pessessione accepta posse tranferre actiones divus Pius decrevit. (*L.* 35. *D. ad SC. Trebellian.* 36, 1.)

XLII. Si minor annis viginti manumittit, huiusmodi solent causae manumissionis recipi, si filius filiave, frater sororve naturalis sit, (*L.* 11. *D. de manumiss. vindicta* 40, 2.)

XLIII. si collactaneus, si educator, si paedagogus ipsius, si nutrix, vel filius filiave cuius eorum, vel alumnus, vel capsarius, id est qui portat libros, vel si in hoc manumittatur, ut procurator sit, dummodo non minor annis decem et octo sit, praeterea et illud exigitur, ut non utique unum servum habeat, qui manumittit. item si matrimonii causa virgo vel mulier manumittatur, exacto prius iureiurando, ut intra sex menses uxorem eam duci oporteat. ita enim senatus censuit. (*L.* 13. *D. de manumiss. vindicta* 40, 2.)

XLIV. Bonorum ventris nomine curatorem dari oportet. eumque rem salvam fore viri boni abitratu satisdare proconsul iubet. sed hoc si non ex inquisitione detur. nam si ex inquisitione, cessat satisdatio. (*L.* 8. *D. de curatorib. furioso dand.* 27, 10.)

## LIBER SEPTIMUS.

XLV. Congruit bono et gravi praesidi curare, ut pacata atque quieta provincia sit, quam regit. quod non difficile obtinebit, si sollicite agat ut malis hominibus provincia careat, eosque conquirat. nam et sacrilegos, latrones, plagiarios, fures conquirere debet, et prout quisque deliquerit, in eum animadvertere, receptoresque eorum coercere, sine quibus latro diutius latere non potest.

Furiosis, si non possint per necessarios contineri, eo remedio per praesidem obviam eundum est, scilicet ut carcere contineantur, et ita divus Pius rescripsit. Sane excutiendum divi fratres putaverunt in persona eius qui parricidium admiserat, utrum simulato furore facinus admisisset, an vero revera compos mentis non esset, ut si simulasset, plecteretur, si fureret, in carcere contineretur. (*L.* 13. *D. de offic. praesidis* 1, 18.)

XLVI. Divus Traianus Minicio Natali rescripsit, ferias a forensibus tantum negotiis dare vacationem, ea autem, quae ad disciplinam militarem pertinent, etiam feriatis diebus peragenda. inter quae custodiarum quoque cognitionem esse. (*L.* 9. *D. de feriis et dilationib.* 2, 12.)

XLVII. Divus Pius rescripsit, eum qui fugitivum vult conquirere in praediis alienis, posse adire praesidem litteras ei daturum: et si ita res exegerit apparitorem quoque, ut ei permittatur ingredi et inquirere. et poenam eundem praesidem in eum constituere qui inquiri non permiserit. sed et divus Marcus oratione quam in senatu recitavit falcultatem dedit ingrediendi tam Caesaris quam senatorum et paganorum praedia volentibus fugitivos inquirere scrutarique cubilia atque vestigia occultantium. (*L.* 3. *D. de fugitivis* 11, 4.)

### *DE ACCUSATIONIBUS ET INSCRIPTIONIBUS.*

XLVIII. Si cui crimen obiciatur, praecedere debet in crimen subscriptio. quae res ad id inventa est, ne facile quis prosiliat ad accusationem, cum sciat inultam sibi accusationem non futuram.

Cavent itaque singuli quod crimen obiciant, et praeterea perseveraturos se in crimine usque ad sententiam.

Hisdem criminibus quibus quis liberatus est, non debet praeses pati eundem accusari. et ita divus Pius Salvio Valenti rescripsit. sed hoc utrum ab eodem, an nec ab alio accusari possit videndum est et putem, quoniam res inter alios iudicatae alii non praeiudicant, si is qui nunc accusator exstitit, suum dolorem persequatur, doceatque ignorasse se accusationem ab alio institutam, magna ex causa admitti eum ad accusationem debere.

Si tamen alio crimine postuletur ab eodem, qui alio crimine eum calumniatus est: puto non facile admittendum eum qui semel calumniatus sit. quamvis filium accusatoris admitti oportere aliam accusationem instituentem adversus eum, quem pater accusaverat, divus Pius Iulio Candido rescripsit.

Idem imperator rescripsit, servos ibi puniendos, ubi deliquisse arguantur. dominumque eorum, si velit eos defendere, non posse revocare in provinciam suam, sed ibi oportere defendere, ubi deliquerint.

Cum sacrilegium admissum esset in aliqua provincia deinde in alia minus crimen, divus Pius Pontio Proculo rescripsit, postquam cognoverit de crimine in sua provincia admisso, ut reum in eam provinciam remitteret, ubi sacrilegium admisit. (*L. 7. D. de accusat. et inscript.* 48, 2.)

XLIX. Divus Hadrianus Salvio Caro proconsuli Cretae rescripsit, tutorem qui pupilli causa instituerat accusationem, defuncto pupillo, cuius causa accusare coeperat, non esse cogendum accusationem implere. (*L.* 14. *D. ad SC. Turpillian.* 48, 16.)

L. Absentem in criminibus damnari non debere, divus Traianus Iulio Frontoni rescripsit. sed nec de suspicionibus debere aliquem damnari, divus Traianus Adsiduo Severo rescripsit. satius enim esse inpunitum relinqui facinus nocentis, quam innocentem damnare. Adversus contumaces vero, qui neque denuntiationibus neque edictis praesidum obtemperassent, etiam absentes, pronuntiari oportet secundum morem privatorum iudiciorum. potest quis defendere, haec non esse contraria. quid igitur est? melius statuetur, in absentes pecuniarias quidem poenas, vel eas quae existimationem contingunt, si saepius admoniti per contumaciam desint, statui posse, et usque ad relegationem procedi. verum si quid gravius irrogandum fuisset, puta in metallo, vel capitis poenam non esse absentibus irrogandum.

In accusatorem autem absentem nonnumquam gravius statuendum, quam Turpilliani senatusconsulti poena irrogatur, dicendum est.

Refert et in maioribus delictis consulto aliquid admittitur, an casu. et sane in omnibus criminibus distinctio haec poenam aut iustam eligere debet, aut temperamentum admittere. (*L.* 5. *D. de poenis* 48, 19.)

*DE CUSTODIA ET EXHIBITIONE REORUM.*

LI. Divus Pius ad epistolam Antiochensium graece rescripsit, non esse in vincula coiciendum eum qui fideiussores dare paratus est, nisi si tam grave scelus admisisse eum constet, ut neque fideiussoribus neque militibus committi debeat, verum hanc ipsam carceris poenam ante supplicium sustinere. (*L.* 3. *D. de custod. et exhibit. reor.* 48, 3.)

*DE SACRILEGIS.*

LII. Sacrilegii poenam debebit proconsul pro qualitate personae proque rei condicione et temporis et aetatis et sexus vel severius vel clementius statuere et scio multos et ad bestias damnasse sacrilegos, nonnullos etiam vivos exussisse, alios vero in furca suspendisse, sed moderanda poena est usque ad bestiarum damnationem eorum qui manu facta templum effregerunt et dona dei noctu tulerunt. ceterum si qui interdiu modicum aliquid de templo tulit, poena metalli coercendus est aut si honestiore loco natus sit, deportandus in insulam est.

Qui cum in moneta publica operarentur, extrinsecus sibi signant pecuniam forma publica, vel signatam furantur, hi non videntur adulterinam monetam exercuisse, sed furtum publicae monetae fecisse. quod ad peculatus crimen accedit.

Si quis ex metallis Caesarianis aurum argentumve furatus fuerit, ex edicto divi Pii exilio vel metallo, prout dignitas personae, punitur, is autem, qui furanti signum praebuit, perinde habetur, atque si manifesti furti condemnatus esset, et famosus efficitur. qui autem aurum ex metallo habuerit illicite et conflaverit, in quadruplum condemnatur. (*L.* 6. *D. ad leg. Iul. peculat.* 48, 13.)

*AD LEGEM IULIAM MAIESTATIS.*

LIII. Proximum sacrilegio crimen est, quod maiestatis dicitur.

Maiestatis autem crimen illud est, quod adversus populum Romanum, vel adversus securitatem eius committitur, quo tenetur is, cuius opera dolo malo consilium initum erit, quo obsides iniussu principis interciderent, quo armati homines cum telis lapidibusve in urbe sint conveniantve adversus rempublicam locave occupentur vel templa. quove coetus conventusve fiat, hominesque ad seditionem convocentur. cuiusve opera, consilio, dolo malo consilium initum erit, quo quis magistratus populi

Romani, quive imperium potestatemve habet, occidatur. quove quis contra rempublicam arma ferat. quive hostibus populi Romani nuncium, litterasve miserit, signumve dederit, feceritve dolo malo, quo hostes populi Romani consilio iuventur adversus rempublicam. quive milites sollicitaverit concitaveritve, quo seditio tumultusve adversus rempublicam fiat. (*L.* 1. *D. ad leg. Iul. maiest.* 48, 4.)

? Maiestatis crimen (καθοσιώσεως ἔγκλημα. Glossa Phliloxeni.)

*DE CHRISTIANIS.*

LIII[a] *? C. Plinius Traiano imperatori. Sollemne est mihi, domine, omnia de quibus dubito ad te referre. Quis enim potest melius vel cunctationem meam regere, vel ignorantiam instruere? Cognitionibus de Christianis interfui nunquam. ideo nescio, quid et quatenus puniri soleat aut quaeri. Nec mediocriter haesitavi, sitne aliquod discrimen aetatum, an quamlibet teneri nihil a robustioribus differant? deturne poenitentiae venia, an ei, qui omnino Christianus fuit, desisse non prosit? nomen ipsum, etiamsi flagitiis careat, an flagitia cohaerentia nomini puniantur? Interim iis, qui ad me tanquam Christiani deferebantur, hunc sum secutus modum. Interrogavi ipsos, an essent Christiani? confitentes iterum ac tertio interrogavi, supplicium minatus, perseverantes duci iussi. Neque enim dubitabam qualecunque esset quod faterentur, pertinaciam certe et inflexibilem obstinationem debere puniri. Fuerunt alii similis amentiae: quos, quia cives Romani erant, annotavi in urbem remittendos. Mox ipso tractatu ut fieri solet dissuadente se crimine, plures species inciderunt. Propositus est libellus sine auctore, multorum nomina continens qui negant se esse Christianos, aut fuisse, cum praeeunte me deos appellarent et imagini tuae, quam propter hoc iusseram cum simulacris numinum afferri, ture ac vino supplicarent, praeterea maledicerent Christo, quorum nihil cogi posse dicuntur, qui sunt revera Christiani. ergo dimittendos putavi. Alii ab indice nominati, esse se Christianos dixerunt et mox negaverunt. fuisse quidem sed desisse, quidam ante triennium, quidam ante plures annos, non nemo etiam ante viginti quoque. Omnes et imaginem tuam deorumque simulacra venerati sunt. ii et Christo maledixerunt. Affirmabant autem hanc fuisse summam vel culpae suae vel erroris, quod essent soliti stato die ante lucem convenire, carmenque Christo, quasi deo, dicere secum invicem, seque sacramento non in scelus aliquod obstringere, sed ne furta, ne latrocinia, ne adulteria committerent, ne fidem fallerent, ne depositum appellati abnegarent. quibus peractis morem sibi discedendi fuisse rursusque coeundi ad capiendum cibum, promiscuum tamen et innoxium. quod ipsum facere desiisse post edictum meum, quo secundum mandata tua hetaerias esse vetueram. Quo magis necessarium* *credidi, ex duabus ancillis, quae ministrae dicebantur, quid esset veri et per tormenta quaerere. Sed nihil aliud inveni, quam superstitionem pravam, immodicam. Ideo, dilata cognitione, ad consulendum te decurri. Visa est enim mihi res digna consultatione, maxime propter periclitantium numerum. Multi enim omnis aetatis, omnis ordinis, utriusque sexus etiam, vocantur in periculum et vocabuntur. Neque enim civitates tantum, sed vicos etiam atque agros superstitionis istius contagio pervagata est, quae videtur sisti et corrigi posse. Certe satis constat, prope iam desolata templa coepisse celebrari et sacra solemnia diu intermissa repeti passimque venire victimas, quarum adhuc rarissimus emptor inveniebatur. Ex quo facile est opinari, quae turba hominum emendari possit, si sit poenitentiae locus.*

Traianus Plinio: *Actum, quem debuisti, mi Secunde, in excutiendis causis eorum, qui Christiani ad te delati fuerant, secutus es. Neque enim in universum aliquid, quod quasi certam formam habeat, constitui potest. Conquirendi non sunt. si deferantur et arguantur, puniendi sunt, ita tamen, ut, qui negaverit se Christianum esse idque re ipsa manifestum fecerit, id est supplicando diis nostris, quamvis suspectus in praeteritum fuerit, veniam ex poenitentia impetret. Sine auctore vero propositi libelli, nullo crimine locum habere debent. nam et pessimi exempli, nec nostri seculi est. (Plinii epistolae* 10, 97.)

LIII[b]? Exemplum epistolae imperatoris Adriani ad Minucium Fundanum proconsulem Asiae.

*Accepi litteras ad me scriptas a decessore tuo Serenio Graniano viro clarissimo et non placet mihi rationem silentio praeterire, ne et innoxii perturbentur, et calumniatoribus latrocinandi tribuatur occasio. Itaque si evidenter provinciales huic petitioni suae adesse valent adversum Christianos ut pro tribunali eos in aliquo arguant, hoc eis exequi non prohibeo. Precibus autem in hoc solis et adclamationibus uti eis non permitto. Etenim multo aequius est, si quis volet accusare, te cognoscere de obiectis. Si quis igitur accusat et probat adversum leges quicquam agere memoratos homines, pro merito peccatorum etiam supplicia statues. Illud mehercule magnopere curabis, ut si quis calumniae gratia quemquam sorum postulaverit reum, in hunc pro sui nequitia suppliciis saevioribus vindices.* (Rufini, Aquileiensis presbyteri historia ecclesiastica cap. 9. ed. Basil. 1523 fol. p. 78. Iustini martyris apologia I. c. 68. rec. Otto. Jen. 1842. Tom. I. p. 272.)

LIII.[c]? • Αυτοκράτωρ Καῖσαρ Μάρκος Αὐρήλιος Ἀντωνῖνος Σεβαστὸς, Ἀρμένιος, ἀρχιερεὺς μέγιστος, δημαρχικῆς ἐξουσίας τὸ πέμπυον καὶ τὸ δέκατον, ὕπατος τὸ τρίτον τῷ κοινῷ τῆς Ἀσίας χαίρειν.

Ἐγὼ μὲν οἶδ᾽ ὅτι καὶ τοῖς θεοῖς ἐπιμελές ἐστι μὴ λανθάνειν τοὺς τοιούτους.

πολὺ γὰρ μᾶλλον ἐκεῖνοι κολάσαιεν ἂν τοὺς μὴ βουλομένους αὐτοῖς προσκυνεῖν, ἢ ὑμεῖς. οὓς εἰς ταραχὴν ἐμβάλλετε, βεβαιοῦντες τὴν γνώμην αὐτῶν ἥνπερ ἔχουσιν, ὡς ἀθέων κατηγοροῦντες. εἴη δ' ἂν κἀκείνοις αἱρετὸν τὸ δοκεῖν κατηγορουμένοις τεθνάναι μᾶλλον, ἢ ζῆν, ὑπὲρ τοῦ οἰκείου θεοῦ. ὅθεν καὶ νικῶσι, προϊέμενοι τὰς ἑαυτῶν ψυχὰς, ἤπερ πειθόμενοι οἷς ἀξιοῦτε πράττειν αὐτούς. περὶ δὲ τῶν σεισμῶν τῶν γεγονότων καὶ γινομένων οὐκ ἄτοπον ὑμᾶς ὑπομνῆσαι, ἀθυμοῦντας μὲν ὅταν περ ὦσι, παραβάλλοντας δὲ τὰ ἡμέτερα πρὸς τὰ ἐκείνων. οἱ μὲν οὖν εὐπαρρησιαστότεροι γίνονται πρὸς τὸν θεὸν, ὑμεῖς δε παρὰ πάντα τὸν χρόνον, καθ' ὃν ἀγνοεῖν δοκεῖτε, τῶν τε θεῶν τῶν ἄλλων ἀμελεῖτε καὶ τῆς θρησκείας τῆς περὶ τὸν ἀθάνατον, ὃν δὴ τοὺς Χριστιανοὺς θρησκεύοντας ἐλαύνετε ἕως θανάτου. ὑπὲρ δὲ τῶν τοιούτων ἤδη καὶ πολλοὶ τῶν περὶ τὰς ἐπαρχίας ἡγεμόνων καὶ τῷ θειοτάτῳ ἡμῶν ἔγραφαν πατρί, οἷς καὶ ἀντέγραψε μηδὲν ἐνοχλεῖν τοῖς τοιούτοις, εἰ μὴ φαινοιντό τι περὶ τὴν τῶν Ῥωμαίων ἡγεμονίαν ἐγχειροῦντες. καὶ ἐμοὶ δὲ περὶ τῶν τοιούτων πολλοὶ ἐσήμαναν, οἷς δὴ καὶ ἀντέγραψα, κατακολουθῶν τῇ τοῦ πατρὸς γνώμῃ. εἰ δέ τις ἐπιμένοι τινὰ τῶν τοιούτων εἰς πράγματα φέρων ὡς δὴ τοιοῦτον, ἐκεῖνος μὲν ὁ καταφερόμενος ἀπολελύσθω τοῦ ἐγκλήματος, καὶ ἐὰν φαίνεται τοιοῦτος ὤν, ὁ δὲ καταφέρων ἔνοχος ἔσται δίκης. προετέθη ἐν Ἐφέσῳ ἐν τῷ κοινῷ τῆς Ἀσίας. (*Eusebii hist. eccl.* 4, 19. ed. Laemmer. 1862. p. 268. cf. Eichstadii Exercitatio Antoniniana IV. V. in Anal. acad. Ienens. Vol. I. 1823. 4⁰ p. 290. 326.)

LIII[d]? *Aureli(an)us imperator administris rectoribus provinciarum. Comperimus ab his qui se nostris temporibus Christianos dicunt, legum praecepta violari. Hos ergo comprehensos, nisi diis nostris sacrificaverint, diversis poenis subdite, ut habeat et districtio prolata iustitiam et in resecandis criminibus ultio terminata iam finem. (Acta Symphoriani mart. ad d.* 22. *Aug. ed. Surii. Baron. ad a.* 273, *n.* 7.)

LIII[e]? * *Litterae M. Aurelii, gravissimi imperatoris — quibus illam Germanicam sitim Christianorum forte militum precationibus impetrato imbri discussam contestatur. Qui sicut non palam ab eiusmodi hominibus poenam dimovit, ita alio modo palam dispersit, adiecta etiam accusatoribus damnatione et quidem tetriore.* (Tertull. apologet. 5. Euseb. hist. eccl. 5, 7. Rufin. hist. eccl. 5, 6. Gregor. Nyssen. T. 3. p. 505. A. Cedreni hist. p. 439. cf. Eichstadii Exercit. Antonin. II. in Analect. acad. Ienens. Vol. I. Ien. 1823. 4⁰ p. 246. sqq.)

LIII[f]? *Iudaeos fieri sub gravi poena vetuit (Septimius Severus). Idem etiam de Christianis sanxit. (Spartian. Septim. Sever.* 17.)

## DE SICARIIS ET VENEFICIS.

LIV. Capite primo legis Corneliae de sicariis cavetur, ut is praetor iudexve quaestionis, cui sorte obvenerit quaestio de sicariis, eius, quod in urbe

Roma propius mille passus factum sit, uti quaerat cum iudicibus, qui ei ex lege sorte obvenerint, de capite eius, qui cum telo ambulaverit hominis necandi furtive faciendi causa, hominemve occiderit, cuius id dolo malo factum fuerit.

Haec lex non omnem qui cum telo ambulaverit, punit, sed eum tantum, qui hominis necandi, furtive faciendi causa telum gerit, coercet *(et)* compescit. Item eum, qui hominem occidit, coercet. nec adiecit cuius condicionis hominem, ut et ad servum et peregrinum pertinere haec lex videatur. (Collat. Leg. Mosaic. et Romanar. Tit. I. Kap. 3. cf. Cic. pro Cluent. c. 54. Ulp. L. 4. pr. D. ad legem Corn. de sic. 48, 8.)

Distinctionem casus et voluntatis in homicidio servari, rescripto Hadriani confirmatur. Verba rescripti: *Et qui hominem occidit, absolvi solet, sed si non occidendi animo id admisit, et qui non occidit, sed voluit occidere, pro homicida damnatur. E re itaque constituendum est ex[quirendo]*(1) *quo ferro percuss(er)it Epafroditus* (2). *Nam si gladium instrinxit, aut telo percussit, quid dubium est, quin occidendi animo percusserit? Si lapide* (3) *percussit aut cucuma, aut*(4) *cum forte rixaretur, ferro percussit, sed non occidendi mente. Ergo hoc exquirite et si voluntas occidendi fuit, ut homicidam servum supplicio crucis* (5) *iubete affici.* (Collat. Tit. I. Kap. 6. cf. Marcianus 1. § 3. D. ad legem Corn. de sic. 48, 8. Callistr. L. 14. eodem.)

? Sicarius (*σφάκτης, ἀνδροφόνος, σφαγεὺς, ληςής.* Glossa Philoxeni.)

LV. Lege Cornelia de sicariis tenetur qui cum in magistratu esset, eorum quid fecerit contra hominis necem, quod legibus permissum non sit.

Idem divus Hadrianus rescripsit: *Constitutum quidem est, ne spadones fierent. eos autem, qui hoc crimine arguerentur, Corneliae legis poena teneri, eorumque bona merito fisco meo vindicari debere. sed et in servos qui spadones fecerint, ultimo supplicio animadvertendum esse. et qui hoc crimine tenentur, si non adfuerint, de absentibus quoque, tamquam lege Cornelia teneantur, pronuntiandum esse. Plane si ipsi qui hanc iniuriam passi sunt, proclamaverint, audire eos praeses provinciae debet, qui virilitatem amiserunt. nemo enim liberum servumve, invitum sinentemve castrare debet, neve quis se sponte castrandum praebere debet. at si quis adversus edictum meum fecerit, medico quidem, qui exciderit, capitale erit,*

---

(1) *exquirendo* conj. Huschk *ex* B. *et* conj. Pith.
(2) *ipsa funditus* B.
(3) *lapide* B.
(4) *Ita* B.
(5) *cum iure* B.

*item ipsi qui se sponte excidendum praebuit.* (L. 4. D. ad leg. Cornel. de sicar. (48, 8.)

LVI. Cum quidam per lasciviam causam mortis praebuisset, comprobatum est factum Taurini Egnati (1) proconsulis Veticae a divo Hadriano, quod eum in quinquennium relegasset. (Collat. L. L. Mos. et Rom. Tit. I, Kap. 11. §. 1. L. 4. §. 1. D. ad legem Corn. de sic. 48, 8.)

Verba consultationis (2) et rescripti ita se habent: *Inter Clodium optime imperator, et Euaristum, cognovi, quod Clodius* (3) *Luppi* (4) *filius in convivio, dum sago iactatur, culpa Marii Euaristi ita male acceptus fuerit, ut post diem quintum moreretur. atque adparebat nulla inimitia cum Ebaristo fuisse, sed* (5) *cupiditatis culpam coercendum* (6) *credidi, ut ceteri eiusdem aetatis iuvenes emendarentur. Ideoque Mario Euaristo urbe, Italia, provincia Vaeticae in quinquennium interdixi [et] decrevi* (7), *ut impendii causa duo millia patri eius persolveret Ebaristus, quod manifesta eius fuerat paupertas. vel(is) res(cribere).* (Collatio L. L. Rom. et Mos. Tit. I, Kap. 11. §. 2. 3.)

Verba rescripti: *Poenam Marii Ebaristi recte, Taurine* (8), *moderatus es ad modum culpae. refert enim et in maioribus delictis consulto aliquid admittatur, an* (9) *casu.*

Et sane in omnibus criminibus distinctio haec poenam aut iustam (10) ,provocare (11) debet, aut temperamentum admittere. (Collat. L. L. Mosaic. et Roman. Tit. I. Kap. 11. §. 3. 4. L. 5. §. 2. D. de poenis. 48 19.)

### *AD LEGEM IULIAM DE VI PUBLICA.*

LVII. Et eum qui puerum ingenuum rapuit, puniendum divus Pius rescripsit in haec verba: *Exemplum libelli dati mihi a Domitio Silvano nomine Domitii Silvani patrui, subici iussi, motus querella eius, qua significavit filium suum ingenuum iuvenem admodum raptum atque conclusum, mox verberibus ac tormentis usque ad summum periculum adflictum. Gemine*

---

(1) *Ignatii Taurini* Dig.
(2) *Consolationis* B.
(3) *gladius* B.
(4) *Lupi* Verc.
(5) **Net* B.
(6) *quoercendum crededit* B.
(7) *interdixit, decrevit* B.
(8) *recte et Taurine* B.
(9) *hanc* B.
(10) *iustitiam.* B.
(11) *eligere* Dig.

*carissime velim andias eum et si compereris haec ita admissa, rem severe exequaris.* (L. 6. D. ad leg. Iul. de vi publica 48, 6.)

DE MATHEMATICIS ET VATICINATORIBUS.

LVIII. Praeterea interdictum est mathematicorum callida impostura et obstinata persuasione. Nec hodie primum interdici eis placuit, sed vetus haec prohibitio est. Denique extat senatusconsultum Pomponio et Rufo coss. factum, quo cavetur, ut mathematicis, Chaldais, ariolis, et ceteris, qui similem quaestum fecerunt(¹), aqua et igni interdicatur omniaque bona eorum publicentur et si externarum gentium quis id fecerit, ut in eum animadvertatur.

Sed fuit quaesitum utrum scientia huiusmodi hominum puniatur, an exercitio et professio. *(Et)* quidem apud veteres dicebatur, professionem eorum, non notitiam, esse prohibitam. Postea variatum; nec dissimulandum est nonnumquam inrepsisse in usum, ut etiam profiterentur et publice se praeberent. Quod quidem magis per contumaciam et temeritatem eorum factum est, qui visi erant vel consulere vel exercere, quam quod fuerat permissum.

Saepissime denique interdictum est fere ab omnibus principibus, ne quis omnino huiusmodi ineptiis se immisceret et varie puniti sunt hi, qui id exercuerint, pro mensura scilicet consultationis. Nam qui de principis salute(²) capite puniti sunt, vel qua alia graviore poena adfecti, enimvero si qui de sua suorumque, levius. Inter hos habentur etiam vaticinatores, *(sed)* hi quoque plectendi sunt, quoniam nonnumquam contra publicam quietem imperiumque populi Romani improbandas artes exercent. Exstat denique decretum divi Pii ad Pacatum, legatum provinciae Lugdunensis, cuius rescripti verba quia multa sunt, de fine eius ad locum haec pauca subieci. — — Denique et divus Marcus eum, qui motu Cassiano vaticinatus erat et multa quasi ex instinctu deorum dixerat, in insulam Syrum relegavit. Et sane non debent impune ferre huiusmodi homines, qui sub obtentu et monitu deorum quaedam vel enuntiant, vel iactant, vel scientes confingunt. (Coll. LL. Mosaic. et Roman. Tit. XV. Kap. 2.)

LIX. arbares scodales (*οἱ περὶ ὅρων διαγινώσκοντες δικασταί.* Glossa Philoxeni.)

LX. bellonarii (*οἱ θεοφορούμενοι.* Glossa Philoxeni.)

*DE FALSA MONETA.*

LXI. Quicumque nummos aureos partim raserit, partim tinxerit vel finxerit, si quidem liberi sunt, ad bestias dari, si servi, summo supplicio adfici debent. (L. 8. D. de leg. Cornel. de fals. 48, 10.)

---

(¹) *simile inceptum fecerint* conj. Huschk. (²) *consuluere* addit Huschkius.

LXII. Inviti testimonium non dicunt publicani. item is, qui non detractandi testimonii causa aberit. item is qui quid exercitui praebendum conduxerit.

Sed nec pupillis testimonium denuntiari potest. (L. 19. D. de testibus 22, 5.)

### DE DOMINORUM SAEVITIA.

LXIII. Si dominus in servum saevierit, vel ad impudicitiam turpemque violationem compellat, quae sint partes praesidis ex rescripto divi Pii ad Aurelium Marcianum, proconsulem Baeticae manifestatur. cuius rescripti verba haec sunt: *Dominorum quidem potestatem in servos suos inlibatam esse oportet, nec cuiquam hominum ius suum detrahi. Sed dominorum interest, ne auxilium contra saevitiam, vel famem, vel intolerabilem iniuriam denegetur iis, qui iuste*(¹) *deprecantur. Ideoque cognosce de querellis illorum, qui ex familia Iuli Sabini ad statuam confugerunt. et sive durius habiti, quam aequum, vel infamiae iniuria adfectos cognoveris, venire iube, ut*(²) *in potestatem Sauini* (Dig. in potestate domini) *non revertantur. Quod si* (Dig. Qui si) *meae constitutioni fraudem fecerit, sciet me admissum severius exsecuturum.*

Divus etiam Adrianus Umbram (Dig. Umbriciam) quandam matronam in quinquennium relegavit, quod ex levissimis causis ancillas atrocissime tractaret(³) (Dig. tractasset). (Collat. Legg. Mos. et Rom. Tit. 3. Kap. 3. §. 1—4. L. 2. D. de his qui sui (1, 6.) cf. §. 2. I. eod. 2, 8.)

Item divus Pius ad libellum Alsi Iuli rescripsit haec verba: *Servorum obsequium non solum imperio, sed et moderatione et sufficientibus praebitis et iustis operibus contineri oportet. Itaque et ipse curare debes*(⁴), *(et) iuste ac*(⁵) *temperate tuos*(⁶) *tractare, ut ex facili requirere eos possis*(⁷). *si*(⁸) *apparuerit, vel inparem te inpendiis esse, vel atrociorem dominatione*(⁹) *saevitiam exercere, necesse habeat proconsul v. c., ne quid tumultuosius contra accidat, praevenire te et ex mea iam auctoritate ad alienandos eos*

---

(¹) *qui si iuste* B. An si qui?
(²) *iubet ut* B.
(³) *tractarei* B.
(⁴) *debet* B.
(⁵) *hac* B.
(⁶) *temperare. et nostractare* B.
(⁷) correxit Lachm. *requirere eo possit.* B.
(⁸) *nisi* B.
(⁹) *dominationem* B.

*conpellere. Glabrione et Omullo conss.* (Collat. LL. Mosaic. et Romanar. Tit. III, Kap. 3. §. 5. 6.)

DE NAUFRAGIIS ET (INCENDIARIIS).

LXIV. Incendiariis lex quidem Cornelia aqua et igni interdici iussit. sed varie sunt puniti. nam qui data opera in civitate incendium fecerunt ([1]), si in humillimo ([2]) loco sunt, bestiis subiici ([3]) solent. si in aliquo gradu et Romae ([4]) id fecerunt, capite puniendi, aut certe (deportationis poena) adficiendi sunt qui haec committunt ([5]). (Collat. Leg. Mosaic. et Rom. Tit. XII. Kap. 5. §. 1. Verba: qui data — deportantur exstant in L. 12. §. 1. D. de incendio 47, 9.)

Sed ei, qui non data opera incendium fecerit, plerumque ignoscitur, nisi in lata et incauta negligentia vel lascivia fuit. (Coll. LL. Mosaic. et Romanar. Tit. XII, Kap. 5. §. 2.)

LXV. Licere unicuique naufragium suum impune colligere constat. idque imperator Antoninus cum divo patre suo rescripsit. (L. 12. pr. D. de incend. ruin. naufr. 47, 9.)

*DE DARDANARIIS.*

LXVI. Annonam adtemptare et vexare vel maxime dardanarii solent. quorum avaritiae obviam itum est tam mandatis quam constitutionibus. Mandatis denique ita cavetur: *Praeterea debebis custodire, ne dardanarii ullius mercis sint. ne aut ab his qui coemtas merces supprimunt, aut a locupletioribus, qui fructus suos aequis pretiis vendere nollent, dum minus uberes proventus exspectant, [ne] annona oneretur.* poena autem in hos varie statuitur. nam plerumque, si negotiantes sunt, negotiatione tantum eis interdicitur. interdum et relegari solent. humiliores ad opus publicum dari.

Onerant annonam etiam staterae adulterinae, de quibus divus Traianus edictum proposuit, quo edicto poenam legis Corneliae in eos statuit, perinde ac si lege testamentaria, quod testamentum falsum scripsisset, signasset, recitasset, damnatus esset.

Sed et divus Hadrianus eum qui falsas mensuras habuit, in insulam relegavit. (l. 6. D. de extraord. criminib. 47, 11.)

---

([1]) fecerint Dig.

([2]) humiliore Dig.

([3]) obici Dig.

([4]) verba: et Romae in Dig. omittuntur.

([5]) deportationis poena Bl. exilio vel deportatione Pith. capite puniuntur aut certe in insulam deportantur Dig.

? Annona (εὐθενία, σιτηρέσιον. Glossa Philoxeni). Dardanarius (παντοπώλης, παντομετάβολος, σιτοκάπηλος. Glossa Philoxeni.) . . Vexare (σκῦλαι. Glossa Philoxeni.)

DE ABIGEIS.

LXVII. De abigeis puniendis ita divus Hadrianus rescripsit concilio Baeticae (Dig. consilio Veticae rescripsit): *Abigei cum durissime puniuntur, ad gladium damnari solent. Puniuntur autem durissime non ubique, sed ubi frequentius est hoc genus maleficii. alioquin et in opus, et nonnumquam temporarium damnantur.* (Collat. Leg. Rom. et Mos. Tit. XI, Kap. 7. §. 1. L. 1. pr. D. de abigeis. 47, 14.)

*Ideoque puto, apud vos quoque sufficere genus poenae, quod maximum*(¹) *huic maleficio inrogari solet, ut ad gladium abigei dentur, aut si quis tam notus, et tam gravis in abigendo fuit, ut prius ex hoc crimine aliqua poena adfectus sit, hunc in metallum dari oportere.*

Rescriptum divi Hadriani sic loquitur, quasi gravior poena sit metalli. nisi forte hoc sensit divus Hadrianus, gladii poenam dicendo, ludi damnationem. Est autem differentia inter eos, qui ad gladium, et eos, qui ad ludum damnantur. nam ad gladium damnati statim consumuntur vel certe intra annum debent consumi, hoc enim mandatis continetur. Enimvero qui in ludum damnantur, non utique consumuntur, sed etiam pileari et rudem accipere possunt post intervalla(²); si quidem post quinquennium pileari, post triennium autem rudem induere(³) eis permittitur. Eodem rescripto divi Hadriani diligentissime expressum est, non ubique parem esse poenam abigeorum. (Collat. Legum Mos. et Rom. Tit. XI, Kap. 7. §. 2. 3.)

Abigei autem proprie hi habentur, qui pecora ex pastu et ex armentis(⁴) subtrahunt, et quodammodo depraedantur, et abigendi(⁵) studium quasi artem exercent(⁶), equas de grege(⁷) (equos de gregibus Dig.) vel boves de armentis abducentes. Ceterum si quis bovem aberrantem vel equum in solitudinem abduxerit(⁸) non es abigeus, sed fur potius.

---

(¹) *maximo* B. Bl. Correxit P. Faber.
(²) . . interpalam B. interpella Vind. Verc. intervallum Pith. Bl. Correxit Lachm.
(³) rude batuere Lachm. Zeitschrift für gesch. Rtsw. XIII, p. 38.
(⁴) et ex fermentis B. et pascuis vel ex armentis Dig. ex pastu vel Huschkius.
(⁵) abigendi Dig. abigei B.
(⁶) exercentes B.
(⁷) quas degere B.
(⁸) equos in solitudine relictos abduxerit Dig.

Sed et qui porcum vel capram vel berbicem abducunt [1], non tam graviter, ut hi qui maiora [2] animalia abigunt, plecti debent.

Quamquam autem Hadrianus metalli poenam, item operis [3] vel etiam gladii praestituerit [4], attamen qui honestiori loco nati sunt, non debent ad hanc poenam pertinere, sed aut relegandi erunt, aut removendi ordine.

Romae tamen etiam bestiis subici abigeos videamus: et sane [5] qui cum gladio abigunt, non inique hac poena adficiuntur [6]. (Coll. Legg. Mosaic. et Romanar. Tit. XI, Kap. 8. = L. 1. §§. 1—3. D. de abig. 47, 14.)

DE FURIBUS.

LXVIII. Fures ad forum remittendi sunt diurni, nocturnique extra ordinem audiendi [7] et causa cognita puniendi. dum poena [8] eorum sciamus [9] operis publici temporarium [10] modum non egrediendum. Idem et in balneariis furibus.

Sed si se telo fures defendunt vel effractores vel ceteri similes [11], nec quemquam percusserunt, metalli poena [12] humiliores, honestiores vero relegatione adficiendi erunt. (Coll. Legg. Mosaic. et Rom. Tit. VII, Kap. 4. = L. 1. D. de furibus balnear. 47, 17.)

LXIX Qui pecora, de quorum proprietate faciebat controversiam, abegit, ut Saturninus quidem scribit, ad examinationem civilem [13] remittendus est. sed hoc ita demum probandum est, si non color abigeatus quaesitus est, sed vere putavit sua iustis rationibus [ductus] (*L.* 1. §. 4 *de D. abigeis* 47, 14.)

*DE EFFRACTORIBUS ET EXPILATORIBUS.*

LXX. De his qui carcere effracto evaserunt, sumendum supplicium divi fratres Aemilio Tironi rescripserunt. Saturninus etiam probat in eos qui de

---

(1) berbicem adducunt B. vervicem abduxit Dig.
(2) ut his qui ad maiora B.
(3) item operibus. B. item (temporarii operis) *Huschkius.*
(4) praesto erit. B.
(5) Haec desunt in Dig.
(6) videmus non inque Edd. bestiis obiciuntur Dig.
(7) Fures nocturni extra ordinem audiendi sunt Dig.
(8) dummodo sciamus, in poena eorum Dig.
(9) Ita B. dummodo in poena Bl. dum in poena Huschkius.
(10) temporarium *omittit* Pith. *sed* B. *habet.*
(11) ceteri his similes Dig.
(12) poenas B.
(13) ad forum *scripserat Ulpianus.*

carcere eruperunt sive effractis foribus sive conspiratione cum ceteris qui in eadem custodia erant, capite puniendos. quod si per negligentiam custodum evaserunt, lenius puniendos.

Expilatores, qui sunt atrociores fures, hoc enim est expilatores, in opus publicum vel perpetuum vel temporarium dari solent, honestiores autem ordine ad tempus moveri, vel fines patriae iuberi excedere. quibus nulla specialis poena rescriptis principalibus inposita est. idcirco causa cognita liberum erit arbitrium statuendi ei qui cognoscit.

Simili modo et saccularii et derectarii erunt puniendi, item effractores. sed enim divus Marcus effractorem equitem Romanum, qui effracto perforatoque pariete pecuniam abstulerat, quinquennio abstinere iussit provincia Africa ubi erat, et urbe, et Italia. Oportebit autem aeque et in effractores et in ceteros suprascriptos causa cognita statui, prout admissum suggerit. dummodo ne quis in plebeio operis publici poenam, vel in honestiore relegationis excedat. (*L.* 1. *D. de effract. et expilator.* 47, 18.)

? effractores (θυρεπανοίκται. Glossa Philoxeni). effractorius (θυρεπανοίκτης. Gloss. Philoxeni.)

defectarii (εἰσπηδησιῶνες. Glossa Philoxeni.)

### *STELLIONATUS.*

LXXI. Stellionatus accusatio ad praesidis cognitionem spectat.

Stellionatum autem obici posse his qui dolo quid fecerunt, sciendum est. scilicet si aliud crimen non sit, quod obiciatur. quod enim in privatis iudiciis est de dolo actio, hoc in criminibus stellionatus persecutio. Ubicumque igitur titulus criminis deficit, illic stellionatus obiciemus. maxime autem in his locum habet, si quis forte rem alii obligatam dissimulata obligatione per calliditatem alii distraxerit vel permutaverit vel in solutum dederit. nam hae omnes species stellionatum continent. Sed et si quis merces supposuerit, vel obligatas averterit, vel si corruperit, aeque stellionatus reus erit. item si quis imposturam fecerit, vel collusionem in necem alterius, stellionatus poterit postulari. et ut generaliter dixerim, deficiente titulo criminis hoc crimen locum habet, nec est opus species enumerare.

Poena autem stellionatus nulla legitima est, cum nec legitimum crimen sit. solent autem ex hoc extra ordinem plecti, dummodo non debeat opus metalli haec poena in plebeis egredi. in his autem qui sunt in aliquo honore positi, ad tempus relegatio vel ab ordine motio remittenda est.

Qui merces suppressit, specialiter hoc crimine postulari potest. (*L.* 3. *D. stellionatus* 47, 20.)

LXXII. Lege Iulia de vi publica tenetur, qui cum imperium potestatemve haberet, civem Romanum adversus provocationem necaverit, verberaverit, iusseritve *(eorum)* quid fieri, aut quid in collum iniecerit ut torqueatur. item quod ad legatos, oratores comitesve attinebit, si quis eorum *(quem)* pulsasse, (et) sive iniuriam fecisse arguetur. (*L.* 7. *D. ad leg. Iul. de vi publica* 48, 6.)

LXXIII. Utrum qui occiderunt parentes, an etiam conscii poena parricidii adficiantur, quaeri potest. et ait Maecianus, etiam conscios eadem poena adficiendos, non solum parricidas. proinde conscii etiam extranei eadem poena adficiendi sunt. (*L.* 6. *D. de leg. Pompeia de parricid.* 48, 9.)

DE POENA LEGIS CORNELIAE TESTAMENTARIAE.

LXXIV. Praeterea factum est Senatusconsultum Statilio Tauro et *(Scribonio Libone)* consulibus ([1]), quo poena legis Corneliae inrogatur ei, qui quid aliud quam testamentum sciens dolo malo falsum signaverit signarive curaverit. item qui falsas testationes faciendas testimoniave falsa invicem dicenda aut consignanda ([2]) dolo malo curaverit ([3]). (*Collat. LL. Mos. et Rom. Tit.* VIII, *kap.* 7. §. 1. = *L.* 9. §. 3. *D. de lege Corn. de fals.* 48, 10.)

Item qui ob instruendam advocationem testimoniave ([4]) pecuniam acceperit pactusve fuerit, societatem coierit, aut aliquam delationem interposuerit. item si quis coierit ad accusationem innocentium, senatusconsulto, quod Cotta et Messala factum est, cohercentur.

Sed et si quis ob denuntiandum vel non denuntiandum remittendumve testimonium pecuniam acceperit, senatusconsulto, quod duobus Geminis conss. factum est, poena legis Corneliae adficitur. (*Collat. LL. Mosaic. et Rom. Tit.* VIII, *kap.* 7. §. 2. 3.)

LXXV. Lege Cornelia cavetur, ut qui in aurum vitii quid addiderit, qui argenteos nummos adulterinos flaverit, falsi crimine teneri.

Eadem poena adficitur etiam is qui cum prohibere tale quid posset, non prohibuit.

Eadem lege exprimitur, ne quis nummos stagneos plumbeos emere vendere dolo malo vellet.

Poena legis Corneliae irrogatur ei, qui quid aliud quam in testamento, sciens dolo malo falsum signaverit signarive curaverit. item qui *(ob)*

---

([1]) supplevit Pith.

([2]) falsas testationes fuciendas aut consignandas testimoniave invicem dicenda dolo malo curaverit. *Huschkius.*

([3]) Licinio V et Tauro coss. *addit* B.

([4]) ob struendam advocationem testimoniave B. ob (*litem in*)struendam advocatione testimoniave *Huschkius.*

falsas testationes faciendas testimoniave falsa invicem dicenda dolo malo coïerint.

Qui delatorem summisit in causa pecuniaria, eadem poena tenetur, qua tenentur hi qui ob instruendas lites pecuniam acceperunt. (*L.* 9. *D. de leg. Cornelia de fals.* 48, 10.)

*DE QUAESTIONIBUS.*

LXXVI. In criminibus eruendis quaestio adhiberi solet. sed quando vel quatenus id faciendum sit videamus. et non esse a tormentis incipiendum et divus Augustus constituit, neque adeo fidem quaestioni adhibendam.

Sed et epistula divi Hadriani ad Sennium Sabinum continetur. verba rescripti ita se habent: *Ad tormenta servorum ita demum veniri oportet, cum suspectus est reus et aliis argumentis ita probationi admovetur, ut sola confessio servorum deesse videatur.*

Idem divus Hadrianus Claudio Quartino rescripsit. quo rescripto illud expressit, a suspectissimo incipiendum, et a quo facillime posse verum scire iudex crediderit.

Ad quaestiones non esse provocandos eos, quos accusator de domo sua produxit. nec facile credendum subiectam eam, quam ambo parentes dicuntur caram filiam habuisse, rescripto divorum fratum ad Lucium Tiberianum emisso declaratur.

Idem Cornelio Proculo rescripserunt, non utique in servi unius quaestione fidem rei constituendam, sed argumentis causam examinandam.

Divus Antoninus et divus Hadrianus Sennio Sabino rescripserunt, cum servi pariter cum domino aurum et argentum exportasse dicerentur, non esse de domino interrogandos. ne quidem, si ultro aliquid dixerint, obesse hoc domino.

Divi fratres Leliano Longino rescripserunt, de servo heredum non esse habendam quaestionem in res hereditarias, quamvis suspectum fuisset, quod imaginaria venditione dominium in eo quaesisse heres videretur.

Servum municipum posse in caput civium torqueri, saepissime rescriptum est, quia non sit illorum servus, sed reipublicae. idemque in ceteris servis corporum dicendum est. nec enim plurium servus videtur, sed corporis.

Si servus bona fide mihi serviat, etiam si dominium in eo non habui, potest dici, torqueri eum in caput meum non debere. idem est et in libero homine, qui bona fide servit.

Sed nec libertum torqueri in patroni caput constitutum est.

Nec fratrem quidem in fratris, imperator noster cum divo patre suo rescripsit, addita ratione, quod [in eum] in quem quis invitus testimonium dicere non cogitur, in eum nec torqueri debet.

Servum mariti in caput uxoris posse torqueri, divus Traianus Servio Quarto rescripsit.

Item Mummio Lolliano rescripsit, damnati servos, quia desierunt esse ipsius, posse in eum torqueri.

Si servus ad hoc erit manumissus, ne torqueatur, dummodo in caput domini non torqueatur, posse eum torqueri divus Pius rescripsit.

Sed et eum qui cognitionis susceptae tempore alienus fuit, licet postea rei sit effectus, torqueri in caput posse divi fratres rescripserunt.

Si quis dicatur nullo iure emptus, non prius torqueri poterit, quam si constiterit venditionem non valuisse. et ita imperator noster cum divo patre suo rescripsit.

Item Severus Spicio Antigono ita rescripsit: *Cum quaestio [de servis] contra dominos neque haberi debeat, neque, si facta sit, dicturi sententiam consilium instruat multo minus iudicia servorum contra dominos admittenda sunt.*

Divus Severus rescripsit, confessiones servorum pro exploratis facinoribus haberi non oportere, si nulla probatio religionem cognoscentis instruat.

Cum quidam deponere pretium servi paratus esset, ut servus torqueretur contra dominum, imperator noster cum divo patre suo id non admiserunt.

Si servi quasi sceleris participes in se torqueantur, deque domino aliquid confessi fuerint apud iudicem, prout causa exegerit, ita pronuntiare eum debere divus Traianus rescripsit. quo rescripto ostenditur, gravari dominos confessione servorum. sed ab hoc rescripto recessum constitutiones posteriores ostendunt.

In causa tributorum, in quibus esse reipublicae nervum nemini dubium est, periculi quoque ratio, quod servo fraudis conscio capitalem poenam denuntiat, eiusdem professionem exstruat.

Qui quaestionem habiturus est, non debet specialiter interrogare, an Lucius Titius homicidium fecerit, sed generaliter quis id fecerit. alterum enim magis suggerentis quam requirentis videtur. et ita divus Traianus rescripsit.

Divus Hadrianus Calpurnio Celeriano in haec verba rescripsit: *Agricola Pompei Valentis servus de se potest interrogari. si dum quaestio habetur, amplius dixerit, rei fuerit indicium, non interrogationis culpa.*

Quaestioni fidem non semper, nec tamen numquam habendam, constitutionibus declaratur. etenim res est fragilis et periculosa et quae veritatem fallat. nam plerique patientia sive duritia tormentorum ita tormenta contemnunt, ut exprimi eis veritas nullo modo possit. alii tanta sunt inpatientia, ut quovis mentiri, quam pati tormenta velint. ita fit, ut etiam vario modo fateantur, ut non tantum se, verum etiam alios criminentur (comminentur.)

Praeterea inimicorum quaestioni fides haberi non debet, quia facile mentiuntur. nec tamen, sub praetextu inimicitiarum, detrahenda erit fides quaestionis.

Causaque cognita habenda fides aut non habenda.

Cum quis latrones tradidit, quibusdam rescriptis continetur, non debere fidem habere eis in eos qui eos tradiderunt, quibusdam vero quae sunt pleniora, hoc cavetur, ut neque destricte non habeatur, ut in ceterorum persona solet, sed causa cognita aestimetur, habenda fides sit, necne. plerique enim, dum metuunt ne forte adprehensi eos nominent, prodere eos solent, scilicet impunitatem sibi captantes, quia non facile eis indicantibus proditores suos creditur. sed neque passim impunitas eis per huiusmodi proditiones concedenda est, neque transmittenda allegatio dicentium, idcirco se oneratos, quod eos ipsi tradidissent. neque enim invalidum argumentum haberi debet mendacii sive calumniae in se instructae.

Si quis ultro de maleficio fateatur, non semper ei fides habenda est. nonnumquam enim aut metu aut qua alia de causa in se confitentur. et extat epistula divorum fratrum ad Voconium Saxam, qua continetur, liberandum eum qui in se fuerat confessus, cuius post damnationem de innocentia constitisset. cuius verba haec sunt: *Prudenter et egregia ratione humanitatis, Saxa carissime, Primitivum servum, qui homicidium in se confingere metu ad dominum revertendi suspectus esset, perseverantem falsa demonstratione, damnasti, quaesiturus de consciis quos aeque habere se commentitus fuerat, ut ad certiorem ipsius de se confessionem pervenires. nec frustra fuit tam prudens consilium tuum, cum in tormentis constiterit, neque illos ei conscios fuisse, et ipsum de se temere commentum. potes itaque decreti gratiam facere, et eum per officium distrahi iubere, condicione addita, ne umquam in potestatem domini revertatur, quem pretio recepto certum habemus libenter tali servo cariturum.* Hac epistula significatur, quasi servus damnatus, si fuisset restitutus, ad eum pertinebit, cuius fuisset, antequam damnetur. sed praeses provinciae eum quem damnavit, restituere non potest, cum nec pecuniariam sententiam suam revocare possit. quid igitur? principi eum scribere oportet, si quando ei qui nocens videbatur, postea ratio innocentiae constitit. (*L.* 1. *D. de quaestionib.* 48, 18.)

LXXVII. ad subrigenda (εἰς ὑπόρθωσιν τιμωρίας. Glossa Philoxeni.)

# LIBER NONUS.

## *DE EXTRAORDINARIIS CRIMINIBUS.*

LXXVIII. Patronorum querellas adversus libertos praesides audire, et non translaticie exequi debent, cum si ingratus libertus sit, non impune ferre eum oporteat. sed si quidem inofficiosus patrono, patronae, liberisve eorum sit, tantummodo castigari eum sub comminatione aliqua severitatis non defuturae, si rursus causam querellae praebuerit, et dimitti oportet. enimvero si contumeliam fecit, aut convicium eis dixit, etiam in exilium temporale dari debebit. quod si manus intulit, in metallum dandus erit. item et si calumniam aliquam eis instruxit vel delatorem subornavit vel quam causam adversus eos temptavit. (*L.* 1. *D. de iure patronat.* 37, 14.)

LXXIX. Saccularii qui vetitas in sacco artes exercentes partem subducunt, partem subtrahunt, item qui derectarii appellantur, hoc est hi qui in aliena cenacula se dirigunt furandi animo, plus quam fures puniendi sunt. idcircoque aut ad tempus in opus dantur publicum, aut fustibus castigantur et dimittuntur, aut ad tempus relegantur. (*L.* 7. *D. de extraord. criminib.* 47, 11.)

derectarius (*θυρεπανοίκτης. ἐπεισπηδητής. κατάρατος. ὁ εἰς τὰς ἀλλοτρίας ἕνεκεν τοῦ κλέψαι εἰσερχόμενος οἰκίας.* Gloss. Philox.)

LXXX. Sunt praeterea crimina, quae ad executionem praesidis pertinent. utputa si quis instrumenta sua prodita esse dicat. nam huius rei executio praefecto urbis a divis fratribus data est. (*L.* 8. *D. de extraord. criminib.* 47, 11.)

LXXXI. Sunt quaedam, quae more provinciarum coercitionem solent admittere. utputa in provincia Arabia *σκοπελισμὸν* crimen appellant, cuius rei admissum tale est. plerique inimicorum solent praedium inimici *σκοπελίζειν*, id est lapides ponere indicio futuros quod si quis eum agrum coluisset, malo leto periturus esset insidiis eorum qui scopulos posuissent. quae res tantum timorem habet, ut nemo ad eum agrum accedere audeat, crudelitatem timens eorum qui scopelismon fecerunt. hanc rem praesides exequi solent graviter usque ad poenam capitis, quia et ipsa res mortem comminatur. (*L.* 9. *D. de extraord. criminib.* 47, 11.)

LXXXII. In Aegypto qui chomata rumpit vel dissolvit, (hi sunt aggeres, qui quidem solent aquam Niloticam continere) aeque plectitur extra ordinem, et pro condicione sua, et pro admissi mensura. quidam opere publico aut metallo plectuntur. et metallo quidem secundum suam dignitatem, si quis arborem sycaminonem exciderit. nam et haec res vindicatur extra ordinem non levi poena, idcirco quod hae arbores colligunt aggeres Niloticos, per quos incrementa Nili dispensantur et coercentur, et deminutiones aeque coercentur. chomata etiam et diacopi qui in aggeribus fiunt, plecti efficiunt eos qui id admiserint. (*L.* 10. *D. de extraord. criminib.* 47, **11.**)

*DE PRAEVARICATORIBUS.*

LXXXIII. Sciendum quod hodie iis (qui) praevaricati sunt, poena iniungitur extraordinaria. (*L.* 2. *D. de praevaricatione* 47, **15.**)

*EXPILATAE HEREDITATIS.*

LXXXIV. Si expilatae hereditatis crimen intendatur, praeses provinciae cognitionem suam accommodare debet. cum enim furti agi non potest, solum superest auxilium praesidis.

Apparet autem expilatae hereditatis crimen eo casu intendi posse, quo casu furti agi non potest: scilicet ante aditam hereditatem vel post aditam antequam res ab herede possessae sunt. nam in hunc casum furti actionem non competere palam est. quamvis ad exhibendum agi posse, si qui vindicaturus exhiberi desideret, palam sit. (*L.* 2. *D. expilatae hereditatis* 47, 19.)

DE TERMINO MOTO.

LXXXV. Eos, qui terminum moverunt, non impune id facere debere, divus Hadrianus Terentio Gentiano XVII. Kal. Septembris cum[1] Q. Rustico se III. consule, rescripsit. quo rescripto poenam variam statuit.

Verba rescripti ita se habent: *(Quin) pessimum factum (sit) eorum, qui terminos finium causa positos abstulerunt, dubitari non potest. Poenae autem modus ex condicione personae et mente facientis magis statui potest. Nam si splendidiores sunt personae, quae conveniuntur, non dubito, quin occupandorum aliorum finium causa id admiserint. et possunt ad tempus, ut cuiusque compatitur aetas, relegari*[2] *et sic in biennium aut triennium ad opus publicum dari. Quod si per ignorantiam aut fortuito lapides usus causa furati sunt, sufficit eos verberibus coherceri. (Coll. LL. Mosaic. et Romanar. Tit.* XIII. = *Kap.* 3. *Verba rescripti plenius exstant apud Callistratum.* L. 2. *D. de term. moto.* 47, 21.)

*AD LEGEM IULIAM DE ANNONA.*

LXXXVI. Lege Iulia de annona poena statuitur adversus eum qui contra annonam fecerit, societatemve coierit, quo annona carior fiat.

---

(1) *Ex conj. Huschkii.* Septembriarum. B. Bl.

(2) *Huschkius ex Dig. addit:* id est, si iuvenior, in longius, si senior, recisius. si vero alii negotium gesserunt et ministerio functi sunt, castigari. *Sed an haec Ulpianus addiderit omnia, valde quaeritur.*

Eadem lege continetur, ne quis navem nautamve retineat aut dolo malo faciat, quo magis detineatur.

Et poena viginti aureorum (*Ulp. scripserat* sestertiorum viginti milium) statuitur. (*L.* 2. *D. de lege Iulia de annona* 48, 12.)

AD LEGEM FABIAM.

LXXXVII. Frequens est etiam legis Fabiae cognitio in tribunalibus praesidum, quamquam[1] quidam procuratores Caesaris usurpaverint, cum Romae tum[2] in provinciis.

Sed enim iam eo perventum est constitutionibus, ut Romae quidem praefectus urbis solus super ea re cognoscat, si intra miliarium centesimum sit in Faviam commissam[3]. Enimvero si ultra centesimum, praefectorum praetorio erit cognitio[4]. In provincia enim (*est*)[5] praesidum provinciarum. nec aliter procuratori Caesaris haec cognitio iniungitur, quam (*si*) praesidis partibus in provincia fungatur. Plane post sententiam de Fabia latam procuratoris partes succedunt.

Huius tamen[6] procurator, qui illam provinciam regit, licet de capitalibus causis cognoscere nec soleat, tamen ut de lege Fabia possit cognoscere imp. Antoninus constituit. Idem legis Iuliae de adulteriis cohercendis constitutione imperatoris Antonini quaestionem accepit. Lege autem Fabia tenetur, qui civem Romanum (*ingenuum*)[7], eumque[8], qui in Italia liberatus sit, celaverit, vinxerit, vinctumque habuerit, vendiderit, emerit, quive in eam rem socius fuerit. cui capite primo eiusdem legis poena iniungitur[9]. si servus sciente domino[10] fecerit, dominus eius sestertium[11] quinquaginta milibus eodem capite punitur.

Eiusdem legis capite secundo tenetur qui alieno servo persuaserit, ut dominum fugiat, quive alienum servum invito domino celaverit, vendiderit, emerit dolo malo, quive in ea re socius fuerit. iubeturque populo

---

(1) eam *addit Huschkius.*

(2) *Correxit Huschkius.* quamtam *B.* tam quam *Cuiac. Bl.*

(3) *Correxit Huschkius.* in via commissa *B. Bl.* iniuria commissa *Scal. Pith.*

(4) in Italia *addit Huschkius.*

(5) *Correxit* Bl. in provincias autem praesidum *Cuiac.*

(6) *Ita B.* huius cerei modi *Vind.* huius ce rei et *Verc.* Insulae Cretae tamen *Cuiac.* Huiuscemodi tamen *Bl.* Vice praesidis tamen *Huschkius.*

(7) Latinum Italicum ingenuum *Huschkius.*

(8) eundemque *B. Correxit Bl.*

(9) sestertium C. milium *addit Huschkius.*

(10) si servus qui sciente domino *B. Correxit Bl.* si servus insciente *Huschkius.*

(11) *Correxit Huschkius.* sextertiis *B. Bl.*

sestertium[1] quinquaginta milia dare. (*Coll. LL. Mosaic. et Roman. Tit.* XIV. *Kap.* 3.)

LXXXVIII. Sciendum est legem Fabiam ad eos non pertinere, qui cum absentes servos haberent, eos vendiderunt. aliud est enim abesse aliud in fuga esse.

Item non pertinere ad eum qui mandavit servum fugitivum persequendum et distrahendum. nec enim fugam vendidit.

Amplius dicendum est, et si quis Titio mandaverit servum fugitivum adprehendendum, ut si adprehendisset, eum emptum haberet: cessare senatusconsultum.

Hoc autem senatusconsulto domini quoque continentur, qui fugam servorum suorum vendiderunt. (*L.* 2. *D. de leg. Fab. de plagiar.* 48, 15.)

? Plagiarius ψυχαγωγός (Glossa Philoxeni.)

LXXXIX. Si quis reum criminis, pro quo satisdederit, non exhibuerit, poena pecuniaria plectitur. puto tamen, si dolo non exhibeat, etiam extra ordinem esse damnandum. sed si neque in cautione, neque in decreto praesidis certa quantitas comprehensa est ac ne consuetudo ostenditur quae certam formam habet praeses de modo pecuniae, quae inferri oporteat statuet. (*L.* 4. *D. de custod. et exhibit. reor.* 48, 3.)

AD LEGEM IULIAM DE VI PUBLICA ET PRIVATA.

XC. Eadem lege quibusdam testimonium omnino, quibusdam interdicitur invitis capite octogesimo septimo et capite octogesimo octavo. in hoc vero his verbis[2]: *Omnino hac lege in reum testimonium dicere ne liceto (ei) qui se ab eo parenteve eius, libertove cuius eorum liberaverit, quive impubes erit, quive (iudicio publico damnatus, qui)*[3] *eorum in integrum restitutus non est, quive in vinculis custodiaque publica erit, quive depugnandi causa auctoratus erit, quive ad bestias depugnare se locavit*[4] *locaverit, praeterquam qui iaculandi causa ad urbem missus est, erit, palamve*[5] *corpore quaestum faciet, feceritve, quive ob testimonium dicendum*[6] *pecuniam accepisse iudicatus erit, ne quis eorum hac lege in reum testimonium dicat.*

Capite octogesimo septimo: *Hi homines*[7] *inviti in reum testimonium*

---

(1) *Correxit Huschkius.* extertiam *B.* sestertia *Vind. Bl.*

(2) In haec verba his verbis *B.* In hoc his verbis *Pith. Bl.* capite LXXXVIII in haec verba: His vero *Lachm.* In hoc verbis hisce *Huschkius.*

(3) *Ex Digestis supplevit Pith.* quive (iudicio publico damnatus erit qui) *Huschkius.*

(4) (*ut*) depugnaret se locabit. *Huschkius.*

(5) (*quae*)ve palam *ex Dig. fecit Huschkius.*

(6) vel non dicendum *ex Dig. add. Huschkius.*

(7) *Ex conj. Huschkii.* his homines *B. his*: „Homines" *Bl.*

*ne dicunto*[1], *qui sobrinus est ei reo, propioreve cognatione coniunctus, quive socer, gener, vitricus, privignusque eius erit. (Coll. LL. Mosaic. et Romanar. Tit.* IX. *Kap.* 2.)

*DE POENIS.*

XCI. Si quis forte ne supplicio adficiatur, dicat se habere quod principi referat salutis ipsius causa, an remittendum sit ad eum, videndum est. et sunt plerique praesidum tam timidi, ut etiam post sententiam de eo dictam poenam sustineant, nec quicquam audeant. alii omnino non patiuntur quicquam tale allegantes. nonnulli neque semper neque nonnumquam remittunt, sed inquirunt quid sit quod allegare principi velit, quidque quod pro salute ipsius habeat dicere. post quae aut sustinent poenam aut non sustinent. quod videtur habere mediam rationem. ceterum, ut mea fert opinio, prorsus eos non debuisse, posteaquam semel damnati sunt, audiri, quidquid allegent. quis enim dubitat, eludendae poenae causa ad haec eos decurrere? magisque esse puniendos, qui tamdiu conticuerunt quod pro salute principis habere se dicere iactant? nec enim debe*(b)*ant tam magnam rem tamdiu reticere.

Si quos comitum vel legati sui reos proconsul invenerit, utrum punire eos debeat, an successori servare, quaeri potest. sed multa exstant exempla, quae non tantum officialium suorum, nec sub se agentium, verum suos quoque servos poenae adfecerunt. quod quidem faciendum est, ut exemplo deterriti minus delinquant.

Nunc genera poenarum nobis enumeranda sunt, quibus praesides adficere quemque possint. et sunt poenae, quae aut vitam adimant aut servitutem iniungant aut civitatem auferant, aut exilium aut coërcitionem corporis contineant, (*L.* 6. *D. de poenis* 48, 19.)

XCII. aut damnum cum infamia aut dignitatis aliquam depositionem aut alicuius actus prohibitionem.

Vita adimitur, ut puta si damnatur aliquis, ut gladio in eum animadvertatur. sed animadverti gladio oportet, non securi vel telo vel fusti vel laqueo vel quo alio modo. proinde nec liberam mortis facultatem concedendi ius praesides habent. multo magis vel veneno necandi. divi tamen fratres rescripserunt, permittentes liberam mortis facultatem.

Hostes autem, item transfugae ea poena adficiuntur, ut vivi exurantur.

Nec ea quidem poena damnari quem oportet, ut verberibus necetur

---

(1) *Ex Lachm. conjectura.* nec dicunt *B.* ne dicant *Bl.*

vel virgis interimatur. nec tormentis, quamvis plerique dum torquentur, deficere solent.

Est poena quae adimat libertatem, huiusmodi, utputa si quis in metallum vel in opus metalli damnetur. metalla autem multa numero sunt. et quaedam quidem provinciae habent, quaedam non habent. sed quae non habent, in eas provincias mittunt, quae metalla habent.

Praefecto plane urbi specialiter competere ius in metallum damnandi, et epistola divi Severi ad Fabium Cilonem exprimitur.

Inter eos autem qui in metallum, et eos qui in opus metalli damnantur, differentia in vinculis tantum est: quod qui in metallum damnantur,gravioribus vinculis premuntur, qui in opus metalli, levioribus. quodque refugae ex opere metalli in metallum dantur, ex metallo gravius coërcentur.

Quisquis autem in opus publicum damnatus refugit, duplicato tempore damnari solet. sed duplicare eum id temporis oportet quod ei cum superesset fugit. scilicet ne illud duplicetur, quo adprehensus in carcere fuit. et si in decem annos damnatus sit, et initio statim fugit, videndum est, utrum duplicari ei tempora debeant, an vero perpetuari, vel transferri in opus metalli. et magis est ut transferatur aut perpetuetur. generaliter enim dicitur, quotiens decennium excessura est duplicatio, non esse tempore poenam artandam.

In ministerium metallicorum feminae in perpetuum vel ad tempus damnari solent. simili modo et in salinas. et si quidem in perpetuum fuerint damnatae, quasi servae poenae constituuntur. si vero ad tempus damnantur, retinent civitatem.

Solent praesides in carcere continendos damnare, aut ut in vinculis contineantur. sed id eos facere non oportet, nam huiusmodi poenae interdictae sunt. carcer enim ad continendos homines, non ad puniendos haberi debet.

In calcariam quoque vel sulphurariam damnari solent. sed hae poenae metalli magis sunt.

Quicumque in ludum venatorium fuerint damnati, videndum est, an servi poenae efficiantur. solent enim iuniores hac poena adfici. utrum ergo servi poenae isti efficiantur an retineant libertatem videndum est. et magis est, ut hi quoque servi efficiantur. hoc enim distat a ceteris, quod instituuntur venatores aut purricharii, aut (in) aliam quam voluptatem, gesticulandi vel aliter se movendi gratia.

Servos in metallum vel in opus metalli, item in ludum venatorium dari solere, nulla dubitatio est. et si fuerint dati, servi poenae efficiuntur. nec ad eum pertinebunt, cuius fuerint antequam damnarentur. Denique cum quidam servus in metallum damnatus, beneficio principis esset iam poena liberatus, imperator Antoninus rectissime rescripsit, qui semel domini esse desierat servus poenae factus, non esse eum in potestatem domini postea reddendum.

Sed sive in perpetua vincula fuerit damnatus servus, sive in temporalia, eius remanet cuius fuit antequam damnaretur. (*L.* 8. *D. de poenis* 48, 19.)

XCIII. Inter poenas est etiam insulae deportatio, quae poena adimit civitatem Romanam.

Deportandi autem in insulam ius praesidibus provinciae non est datum, licet praefecto urbi detur. hoc enim epistula divi Severi ad Fabium Cilonem praefectum urbi expressum est. Praesides itaque provinciae, quotiens aliquem in insulam deportandum putent, hoc ipsum adnotare debeant. nomen vero eius scribendum principi, ut in insulam deportetur. sic deinde principi scribere, missa plena opinione, ut princeps aestimet, an sequenda sit eius sententia deportarique in insulam debeat. medio autem tempore, dum scribitur, iubere eum debet in carcere esse.

Decuriones civitatium propter capitalia crimina deportandos vel relegandos divi fratres rescripserunt. denique Priscum in homicidio et incendio nominatim ante quaestionem confessum, in insulam deportari iusserunt. (*L.* 6. *D. de interdict. et relegat.* 48, 22.)

*DE CADAVERIBUS PUNITORUM.*

XCIV. Corpora eorum qui capite damnantur, cognatis ipsorum neganda non sunt. et id se observasse etiam divus Augustus libro decimo de vita sua scribit. Hodie autem eorum in quos animadvertitur corpora non aliter sepeliuntur, quam si fuerit petitum et permissum. et nonnumquam non permittitur, maxime maiestatis causa damnatorum. (*eorum*) quoque corpora, qui exurendi damnantur, peti possunt, scilicet ut ossa et cineres collecta sepulturae tradi possint. (*L.* 1. *D. de cadaver. punitor.* 48, 24.)

## LIBER DECIMUS.

XCV. Relegatorum duo genera sunt. quidam qui in insulam relegantur. sunt qui simpliciter, ut provinciis eis interdicatur, non etiam insula adsignetur.

In insulam relegare praesides provinciae possunt. sic tamen, ut si quidem insulam sub se habeant, id est ad eius provinciae formam pertinentem, quam administrant, et eam specialiter insulam adsignare possint, inque eam relegare. sin vero non habeant, pronuntient quidem in insulam se relegare, scribant autem imperatori, ut ipse insulam adsignet. ceterum non possunt damnare in eam insulam quam in ea provincia, cui praesunt, non habeant. interim quoad imperator insulam adsignet, militi tradendus est relegatus.

Haec est differentia inter deportatos et relegatos, quod in insulam relegari et ad tempus et in perpetuum quis potest.

Sive ad tempus sive in perpetuum quis fuerit relegatus, et civitatem Romanam retinet, et testamenti factionem non amittit.

Ad tempus relegatis neque tota bona neque partem adimi debere rescriptis quibusdam manifestatur. reprehensaeque sunt sententiae eorum, qui ad tempus relegatis ademerunt partem bonorum vel bona. sic tamen, ut non infirmarentur sententiae quae ita sunt prolatae.

Est qoddam genus quasi in insulam relegationis in provincia Aegypto, in Ovasin relegare.

Sicut autem relegare in insulam quisquam, quae non est sub se, non potest, ita ne in provinciam quidem relegandi ius habet, quae non est sub se. forte praeses Syriae in Macedoniam non relegabit.

Sed extra provinciam suam potest relegare.

Item in parte certa provinciae moraturum relegare potest, ut forte non excedat civitatem aliquam, vel regionem aliquam non egrediatur.

Sed in eas partes provinciae, quae sunt desertiores, scio praesides solitos relegare.

Interdicere autem quis ea provincia potest, quam regit. alia non potest. et ita divi fratres rescripserunt. Unde eveniebat, ut qui relegatus esset ab ea provincia, in qua domicilium habuit, morari apud originem suam posset. sed imperator noster cum divo patre suo huic rei providerunt. Maecio enim Probo praesidi provinciae Hispaniae rescripserunt, etiam ea provincia interdici, unde quis oriundus est, ab eo qui regit eam provinciam, ubi quis domicilium habet. sed et eos, qui cum incolae non essent, in ea provincia quid admiserint, aequum est ad rescripti auctoritatem pertinere.

Dubitatum est, an interdicere quis alicui possit provincia, in qua oriundus est, cum ipse ei provinciae praesit; quam incolit, cum sua non interdicit, ut solent Italia interdicere, qui patria non interdicunt, vel an per consequentias videatur etiam provinciae interdixisse, cui praeest. quod magis erit probandum.

Per contrarium autem is qui originis provinciae praeest, non est nanctus ius interdicendi ea provincia, quam incolit is qui relegatur.

Si quis eam sententiam admiserit, ut is qui in alia provincia commisit, possit relegari ab eo qui ei provinciae praeest, eveniet ut relegatus iste tribus provinciis praeter Italiam debeat abstinere: et in qua deliquit, et quam incolit. et originis. et si ex diversis provinciis oriri videatur propter condicionem vel suam vel parentis, patronorum, vel pluribus provinciis consequenter interdictum ei dicemus.

Quibusdam tamen praesidibus ut multis provinciis interdicere possint, indultum est, ut praesidibus Syriarum, sed et Daciarum.

Constitutum, eum cui patria interdictum est, etiam urbe abstinere debere. contra autem si cui urbe fuerit interdictum, patria sua interdictum non videtur. et ita multis constitutionibus cavetur.

Si cui plane non patria sua, sed aliqua civitate interdictum sit, videndum est, an etiam patria sua itemque urbe interdictum dicamus? quod magis est.

His qui relegantur, dies excedendi a praesidibus dari et potest et solet. etenim moris est ita pronuntiari: ‚illum provincia illa insulisque eis relego, excedereque debebit intra illum diem.'

Relegatum plane libellum dare principi posse divi fratres rescripserunt.

Solet praeterea interdici sententia quibusdam, ne intra patriae territorium vel muros morentur, ne excedant patriam, vel in vicis quibusdam morentur.

Solet decurionibus ordine interdici, vel ad tempus, vel in perpetuum.

Item potest alicui poena iniungi, ne honores adipiscatur. nec ea res facit ut decurio esse desinat, cum fieri possit, ut quis decurio quidem sit, ad honores autem non admittatur. nam et senator quis esse potest, et tamen honores non (re)petere.

Potest alicui et unus honos interdici. sic tamen, ut si cui honore uno interdictum sit, non tantum eum honorem petere non possit, verum non eos quoque qui eo honore maiores sunt. est enim perquam ridiculum eum, qui minoribus poenae causa prohibitus sit, ad maiores adspirare. maioribus tamen prohibitus, minores petere non prohibetur. Sed muneribus si quis poenae causa fuerit prohibitus, nihil valebit sententia. neque enim immunitatem poena tribuere debet. ergo et si honoribus quis in poenam fuerit prohibitus, poterit dici, si honores isti habuerunt mixtam muneris gravem impensam, infamiam illi ad hoc non profuturam. (*L.* 7. *D de interdict. et relegat.* 48, 22.)

XCVI. Moris est, advocationibus quoque praesides interdicere. et nonnumquam in perpetuum interdicunt, nonnumquam ad tempus, vel annis metiuntur, vel etiam tempore quo provinciam regunt.

Nec non ita quoque interdici potest alicui, ne certis personis adsit.

Potest et ita interdici cui, ne apud tribunal praesidis postulet. et tamen apud legatum vel procuratorem non prohibetur agere.

Si tamen apud legatum prohibitus fuerit postulare, credo per consequentias, ne quidem apud praesidem relictam illi postulandi facultatem.

Nonnumquam non advocationibus cui interdicitur, sed foro. plus est autem foro, quam advocationibus interdicere: si quidem huic omnino forensibus negotiis accommodare se non permittatur. solet autem ita vel iuris studiosis interdici vel advocatis vel tabellionibus sive pragmaticis.

Solet et ita interdici, ne instrumenta omnino forment neve libellos concipiant vel testationes consignent.

Solet et sic, ne eo loci sedeant, quo in publico instrumenta deponuntur. archio forte vel grammatophylacio.

Solet et sic, ut testamenta ne ordinent vel scribant vel signent.

Erit et illa poena, ne 'quis negotiis publicis interveniat. hic enim privatis quidem interesse poterit, publicis prohibebitur. ut solent, quibus sententia praecipitur δημοσίων ἀπέχεσθαι.

Sunt autem et aliae poenae: si negotiatione quis abstinere iubeatur, vel ad conductionem eorum quae publice locantur, accedere, ut ad vectigalia publica.

Interdici autem negotiatione plerumque vel negotiationibus solet. sed damnare, ut quis negotietur, an possit, videamus. et sunt quidem hae poenae, si quis generaliter tractare velit, inciviles, invitum hominem iubere facere quod facere non potest. sed si quis specialiter tractaverit, potest esse iusta causa compellendi cuius ad negotiationem. quod si fuerit, sequenda erit sententia.

Istae fere sunt poenae quae iniungi solent. sed enim sciendum est, discrimina esse poenarum, neque omnes eadem poena adfici posse. nam inprimis decuriones in metallum damnari non possunt nec in opus metalli, nec furcae subici, vel vivi exuri. et si forte huiuscemodi sententia fuerint affecti, liberandi erunt. sed hoc non potest efficere qui sententiam dixit, verum referre ad principem debet, ut ex auctoritate eius poena aut permutetur aut liberetur.

Parentes quoque et liberi decurionum in eadem causa sunt.

Liberos non tantum filios accipere debemus, verum omnes liberos.

Sed utrum hi soli qui post decurionatum suscepti sunt, his poenis non adficiantur: an vero omnes omnino liberi, etiam in plebeia familia suscepti, videndum est. et magis puto, omnibus prodesse debere.

Plane si parens decurio esse desierit, si quidem iam decurione fuerit editus proderit ei, ne adficiatur. enimvero si postea quam plebeius factus est, tunc suscipiat filium, quasi plebeio editus, ita erit plectendus.

Statu liberum quasi liberum eum iam puniendum Divus Pius Salvio Marciano rescripsit. (*L.* 9. *D. de poenis* 48, 19.)

XCVII. Potest praeses quendam damnare, ne domo sua procedat. (*L.* 9. *D. de interdict. et relegat.* 48, 22.)

XCVIII. Divus Hadrianus Aquilio Braduae ita rescripsit: *Pannicularia causa quemmadmodum intelligi debeat, ex ipso nomine apparet. non enim bona damnatorum pannicularia significari quis probe dixerit. (nec) si zonam circa se habuerit, protinus aliquis sibi vindicare debebit. sed vestem qua is fuerit indutus, aut numulos in ventrali quos victus sui causa in promptu habuerit, aut leves anulos, id est, quae rem non excedunt aureorum quinque. alioquin si quis damnatus digito habuerit aut sardonychica aut aliam gemmam magni pretii, vel si quod chirographum magnae pecuniae in sinu habuerit, nullo iure illud in pannicularia ratione retinebitur.* Pannicularia sunt ea, quae in custodiam receptus secum attulit spolia, quibus indutus est, cum quis ad supplicium ducitur, ut et ipsa appellatio ostendit. ita neque speculatores ultro sibi vindicent, neque optiones ea desiderent, quibus spoliatur, quo momento quis punitus est. hanc rationem non compendio suo debent praesides vertere, sed nec pati optiones sive commentarienses ea pecunia abuti. sed debent ad ea servari, quae iure praesidum solent erogari. ut puta chartiaticum quibusdam officialibus inde subscribere, vel si qui fortiter fecerint milites, inde eis donare, barbaros etiam inde munerari venientes ad se vel legationis vel alterius rei causa. Plerumque etiam inde conrasas pecunias praesides ad fiscum transmiserunt. quod perquam nimiae diligentiae est, cum sufficiat, si quis non in usus proprios verterit, sed ad utilitatem officii patiatur deservire. (*L.* 6. *D. de bonis damnator.* 48, 20.)

XCIX. Meminisse oportebit, usque ad adventum successoris omnia debere proconsulem agere, cum sit unus proconsulatus, et utilitas provinciae exigat esse aliquem, per quem negotia sua provinciales explicent. ergo in adventum successoris debet ius dicere.

Legatum suum ne ante se de provincia dimittat et lege Iulia repetundarum et rescripto Divi Hadriani ad Calpurnium Rufum proconsulem Achaiae admonetur. (*L.* 10. *D. de offic. procons. et legat.* 1, 16.)

## LIBER INCERTUS.

C. aliquo setius (*ποσῶς νωχελέϛερον.* Glossa Philoxeni.)

CI. delatio (*ἀναφορά.* Glossa Philoxeni.)

FSC
www.fsc.org
MIX
Papier | Fördert gute Waldnutzung
FSC® C083411

Kolibri 360 GmbH
Ferdinand-Jühlke-Straße 7
99095 Erfurt, Deutschland
produktsicherheit@kolibri360.de